だれにでも覚えられるゼッタイ基礎ボキャブラリー

ゼロからスタート
フランス語単語

BASIC 1400

アテネ・フランセ　責任編集

松本　悦治　監修／島崎　貴則　著
Matsumoto Etsuji　　　Shimazaki Takanori

Jリサーチ出

はじめに

● 基本的な単語を使いこなそう

　この本はこれからフランス語の単語を学習しようとする人のための本です。すでにフランス語をある程度勉強している人も、本書で本格的に単語の学習をスタートしていただけるように書きました。
　そもそも単語の学習は、その言語の学習全体から独立して存在するものではないのです。フランス語をまったく知らない人が100個のフランス単語を覚えても、フランス語を理解するのにも、フランス語で表現をするのにも役立たないでしょう。ましてや1,000を超える数の単語を基礎的な文法も知らぬまま覚えようとすることは、記憶の訓練以上の意味を持ちません。単語力、語彙力というのは、記憶力のことではないのです。
　したがって、本書は、少なくとも初級文法を学び始めている人から、中級へと進もうとしている人までを対象としています。もちろん1,400という数は中級の学習者にとって少ないと感じるでしょう。しかし単語の学習で大切なのは、使いこなせない語彙を増やすことよりも、基本的な語を自分のものにすることなのです。本書はあくまでフランス単語の学習書であって、いわゆる「基本単語集」の類ではないことをお断りしておきます。

● フランス語習得に必須の1,400語

　この本で見出し語として取り上げた語は1,400あまりで、解説の中で言及したものを含めても1,500程度にすぎません。基礎的な語彙の中から1,400を選ぶためには、当然何らかの基準と方針

とが必要となります。

　英語には有名なOgdenの850語からなるBasic Englishというものがあります。もちろんフランスにも基礎語彙の研究は昔からあり、1954年には大規模な統計調査をもとに30人からなる専門家たちが現用の30万語の中から1,374語をLe Français Élémentaireとして選出しました。

　この英語とフランス語の基礎語彙の選定は、かなり違った方針によってなされています。Basic Englishは、ある語が別のものよりやさしい語で、あるいはよりやさしい語の組み合わせで表現しうる場合はそちらを選択するという原則により、英語で表現できることを最小限の語数でおこなおうという試みです。それに対してフランス語のほうは、無理な言い換えなどをせずに自然な言語活動が十分おこなえる最小限度の数であるとともに、より高度で完全なフランス語に達するための前提となる語彙であり、この方針の差が両者の語数の差に現れています。

　この研究が示しているのは、フランス語を習得するにはどうしても1,400近い語を知る必要があるということですが、本書ではこうした基礎語彙研究や使用頻度なども考慮しながら、単語学習の方法を提示するために独自の視点から選択をおこないました。また、文法的な機能を果たすある種の語（人称代名詞やet、mais、ouなどの簡単な接続詞、àやdeなどの基本的な前置詞など）は省いてあります。それはそうした語がやさしいからでは決してなく、フランス語学習全般の中で自然に身につけるべきものと考えているためです。

　本書で単語の学習方法を知った読者が、この先出合う多くの語彙を自分の力でものにできることを願っています。

ゼロからスタート フランス語単語 BASIC 1400

目次

はじめに ……………………………………………………………… 2
フランス語単語のとっておき学習法 ………………………………… 6
本書の利用法 ………………………………………………………… 12

第1章 重要動詞 (10語) ……………………………………………… 15

être　　avoir　　faire　　prendre　　aller
venir　　devenir　　tenir　　mettre　　servir

第2章 「意味と用法」で覚える (338語) ……………………………… 37

第1部 「意味」に注目する

❶ 意味の多様性に注意すべき基本単語 …………………………… 38
　動詞編 … 38　　名詞編 … 46　　形容詞・副詞編 … 57
❷ 意味の範囲・使い分けに注目 …………………………………… 66
　動詞編 … 66　　名詞編 … 73　　形容詞・副詞編 … 93
　前置詞・接続詞編 … 100

第2部 「使い方」に注目する

❶ 助動詞的に使われる動詞 ………………………………………… 106
❷ 前置詞に注意すべき動詞 ………………………………………… 109
❸ 代名動詞 …………………………………………………………… 116
❹ 用法に注意すべき形容詞・前置詞 ……………………………… 121
❺ 特定の表現の中でよく使われる語 ……………………………… 126
❻ 不定形容詞・不定代名詞の用法 ………………………………… 130

第3章 「語形」で覚える (750語) ……………………… 139
第1部 「派生関係」で覚える ……………………… 140
第2部 「英語との比較」で覚える ………………… 190
第3部 「語形が同じ語・似た語」で覚える ……… 206

第4章 日常語 (303語) ……………………………… 223
1. 時間・季節・曜日 …………………………………… 224
2. 家族・人間関係 ……………………………………… 230
3. 身体語 ………………………………………………… 233
4. 食事 …………………………………………………… 236
5. 衣服 …………………………………………………… 238
6. 住居・建物 …………………………………………… 239
7. 交通手段 ……………………………………………… 241
8. 位置・方向・方角 …………………………………… 242
9. 自然 …………………………………………………… 245
10. 色 ……………………………………………………… 247
11. 国名とその形容詞 …………………………………… 248
12. 数量・程度・比較を表す表現 ……………………… 250
13. 基本的な疑問詞 ……………………………………… 252

インデックス …………………………………………………… 254

- **コラム (entre parenthèses)**
  ① 日本語になったフランス語を点検する ……………… 134
  ② 語の成り立ちや背景を知る …………………………… 215

INTRODUCTION

フランス語単語の
とっておき
学習法

基本的な単語は日本語の意味との
一対一対応で覚えるだけでは
不十分です。単語の意味の広がりや
イメージをしっかりと把握する、
その用法や語形に注目して
整理して覚える、という
効果的な単語習得法を紹介します。

語学学習と単語力

　戦前から戦後の一時期、長くラジオのドイツ語講座を担当した関口存男(つぎお)はドイツ語の天才といわれましたが、ドイツ語以外にも多くの外国語をものにしたことでも知られています。彼は上智大学在学中にアテネ・フランセでフランス語やラテン語を学び、わずかな期間で教壇に立つまでになったことが示すように、当時の人にありがちな単に難しい本が読めるだけ、というのでなく、外国語で書き、話す能力にも長けていました（アテネ・フランセではフランス語で講義をしたのです）。法政大学でドイツ語教師の同僚であった田中美知太郎は、「関口はドイツ語もフランス語も実にうまく話した」と証言しています。

その関口存男がドイツ語の習得法をたずねられて、「文法を一通り終えたら、一に単語、二に単語、三に単語、四に単語、五に単語、六に単語、七に単語、八に単語、九に単語、十に単語だ」と答えたといわれています。3巻に及ぶ大部な『冠詞』が主著であり、「関口文法」と呼ばれる実用的な文法体系を考案し、現在でも多くの支持者や継承者を持つ彼が、単に多くの単語を覚えれば語学はものになる、と考えていたはずはありません。文法は言語の骨格に過ぎず、そこに生命力、表現力を与えるものは豊かな語彙にほかならない、というのが彼の真意なのでしょう。

簡単と思われる単語ほど意味も用法も複雑

　確かに語学学習は単語に始まり単語に終わるのかもしれません。初歩の段階では文法規則とともにいくつかの単語を覚えることから学習は始まり、徐々にその数は増えていくわけですが、ある段階まで来ると知っているはずの簡単な単語の意味や用法が思ったよりも複雑であることに気づかされます。
　実はこのことは基本的な単語ほど起こりうることなのです。それぞれの単語は生命をもった生き物であり、生まれ、成長し、外見も中身も変わっていき、死滅することもあります。中には別の単語との間に子供を産み、そのDNAが生き続けるものもあるのです。
　基本的な単語はどれも寿命が長く、意味や用法の広がり、移り変わりが大きいものなので、その分日本語の訳語とのず

INTRODUCTION

れも大きくなります。それらは日本語においても基本的な語であり、日本語には日本語の意味と用法の広がりがあるので、その相乗効果により違いはますます大きくなるわけです。

　逆に専門的な語、難解な語ほどそのずれは少なくなるので、使用頻度の高い順に5,000くらいの語を集めたとすると、その範囲を超える語については意味や用法で苦労することは多くないともいえます。

単語の意味の広がりを知る

　このことは単語学習において何が重要かを示しています。まず使用頻度の高い基本的な語ほど、1つの訳語で済ませることはできないという事実があります。それは単にその単語の意味を十分理解したことにならないというだけでなく、その単語が持っていない日本語の訳語の意味を負わせてしまう危険性もあります。いわゆる「基本単語集」に高い学習効果を期待できない理由もここにあります。多くの単語集は1つの単語に2つか3つの訳語と例文をつけることで成り立っていますが、そうした構成でよいのは「専門用語集」か「難解語集」の場合だけです。

　だから単語は例文の中で理解しろ、と多くの単語集は主張します。しかしそうした〈例文信仰〉も大きな期待はできないのです。なぜなら基本的な1つの単語は大きな意味の広がりを持ち、ある文の中ではそうしたさまざまな含意(connotation)のうちの1つが顕在化しているにすぎないからです。このことは同時に、今表面に出ている意味の背後

に存在する含意を感じ取れなければ、その語の、ひいてはその文の意味を本当には理解できないということでもあります。それを例文によって示すためにはそれぞれの単語に5つか6つの用例をつけても十分ではないでしょう。

学習法①「意味と用法」に注目する

　そこで本書では、2つの切り口から単語学習の方法を提示したいと思います。1つは今述べた意味と用法に注目する学習方法です。基本的な単語の持ついくつもの意味を、単に複数の訳語を暗記するのではなく、中心的な語義との関連を意識し、ときには派生の過程を追いつつ意味の広がりとその語のイメージを捉えることを試みてみました。また、日本語に訳すと同じ、あるいは近い意味になるいくつかの語の意味領域が、どのように重なり、使い分けられているのかも整理しています。そして用法については、動詞や形容詞と特定の前置詞との結び付き、代名動詞や不定形容詞・代名詞、決まった表現の中でよく使われる語などの項目別にまとめてあります。

INTRODUCTION

学習法② 「語形」に注目する

　そしてもう1つは語形に注目する学習方法です。派生関係にある2つ（あるいは3つ以上）の語はまとめて覚えることが有効なのは当然です。特にフランス語では、動詞や形容詞を名詞化する特徴的な語尾があり、それを知っておくと名詞の性も個別に覚えることなく分かるようになります。そうした語同士は▼や▲で示しましたが、それは必ずしも派生の順序を示すものではなく、その順番で覚えると学習しやすいという目安に過ぎません。また接頭辞を整理することにより語義の理解は容易になりますし、語形が同じ、また似た語を整理する機会も作っておくのがよいでしょう。さらに学習者の多くは英語を学んだ経験があるでしょうから、それを生かすことも提案しています。

読める単語学習書である

　本書はおよそ以上のような構成をとっているため、1冊を通じてはふつうの単語集のようなabc順、品詞別、分野別などになっていません。それらは結局出てきたものを端から覚えろ、と言っているように著者には思えます。この本はそうした単語リストではなく、読める学習書であることを意図していますので、暗記を前提にした構成にはしませんでした。ただし分野別のグループ分けが有効な場合もあります。たとえば1週間の名称、東西南北などはそろって知っていなければ無意味でしょうし、国名や日常生活のある場面で使う語、

比較や程度を表す表現など、グループ分けすることが有効なものは第4章にまとめました。

　最後に本書で単語を学習する上での注意点をいくつかあげておきます。

　まずこの本は辞書ではありません。ここに書かれているのはあくまで単語学習のヒントであり、各語の意味や用法のすべてがあがっているのではありません。むしろ多くの語はすでになんとなく知っていることを前提にしています。

　また、第2章と第3章はそれぞれ1つの切り口で書かれており、読者は第2章の方法を第3・4章に、第3章の方法を第2・4章に適用し、各自学習を進めてください。さらには本書で身につけた方法でこれからの単語学習を続けていただきたいと思います。

～本書の見出し語の表記について～

- 名詞には定冠詞をつけてあります（ただし発音記号は名詞のみ）。これは学習上次のような利点があるからです。
  ①多くの名詞は冠詞によって男性か女性か判断できる。
  ②母音字と無音のhで始まる語は、l'のついた形の音を覚えられる。また、有音のhはl'hとならないことで判断できる。

- 形容詞の女性形は、男性形の後に付加すべき文字を示してあります。ただし、男性形の語尾を変えて文字がつく場合や分かりにくいと思われる場合は男性形の語尾をイタリックで示してあるので、その部分に女性形の語尾を当てはめてください。
  　特に注意を要する変化をする語は、語尾だけを示すのではなく女性形全体を併記してあります。男性第2形は（　　）で示しました。

- 派生関係にある語や、英単語との比較をする際には、対応する語とのつづりの違いに注意すべき箇所に下線を引きました。

本書の利用法

● 本書の構成

本書は4部構成になっていて、合計で約1400語をマスターできるようになっています。

第1章：重要動詞（10語）　　　第2章：「意味と用法」で覚える（338語）
第3章：「語形」で覚える（750語）　　第4章：日常語（303語）

● 学習ページの紹介

第1章：重要動詞

être、avoir、faireなど、どんな場面でもよく使う重要動詞を紹介します。解説を読んで意味範囲や用法を理解した後、複数の例文で使用例を確認しましょう。

意味・用法を詳しく説明します。

例文で使い方をマスターしましょう。

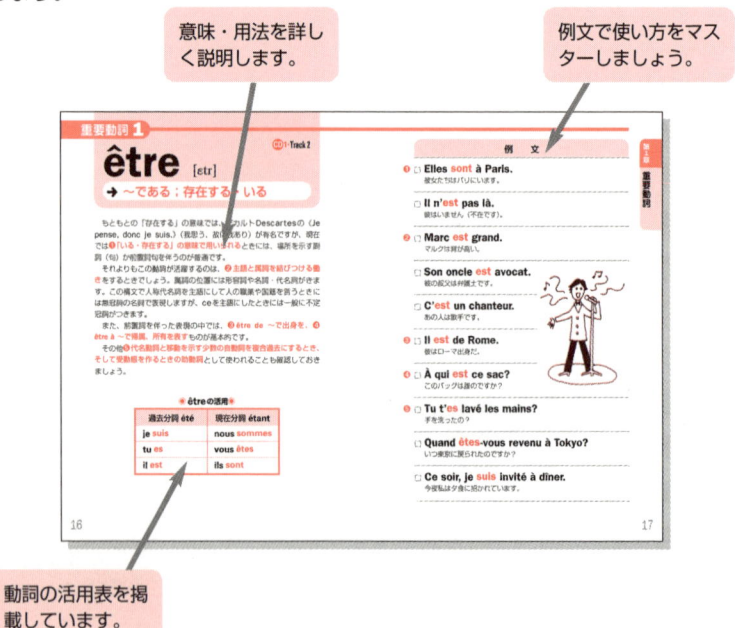

動詞の活用表を掲載しています。

第2章:「意味と用法」で覚える

見出し語・発音記号・品詞・語義を示します。

- 名詞には定冠詞をつけてあります(ただし発音記号は名詞のみ)。CD音声は定冠詞つきで読まれます。
- 形容詞の女性形は、男性形の後に付加すべき文字を示してあります。(☞詳細はp.11を参照)

CD 1・Track 12

動詞編

☐ **donner** [dɔne] 動 与える

*この語の基本的な意味は「与える」で、

▶ Il m'a donné ce livre. (彼は私にこの本をくれた)

のように使いますが、与えるものは抽象的な概念でもかまわないので、

▶ Il donne l'impression d'être fatigué.
(彼は疲れているようだ〈←疲れている印象を与える〉)

などと言うこともできます。また具体的なものでも、芝居や映画、あるいはコンサートなどを目的語にすると「興行する・催す」の意味でも使え、その場合主催者を明示する必要がないことが多いので on を主語にして

▶ On donne un concert ce soir. (今夜コンサートがある)

といった表現でよく使われます。
それ以外で知っておくべき意味としては、前置詞 sur とともに使う「〜に面している」という言い方です。

▶ Ma chambre donne sur la mer. (私の寝室は海に面している)

基本単語の意味の広がりと用法をしっかり解説します。

例文はCDに収録されています。

●音声で覚えよう

CDには「見出し語」「日本語の意味」「例文(フランス語のみ。第1章は、チェック欄のあるもの、第2章・4章は▶印のあるもの)」が収録されています。CDだけでも学習を進めることができます。

CD 1・Track 2 ← トラックの番号を示します
↑
CDの番号を示します

●赤シート

付属の赤シートを当てると語義の赤字が消えます。覚えたかどうかを確認するために利用してください。

13

第3章:「語形」で覚える

接尾辞等について簡単に紹介します。

接頭辞、接尾辞、現在分詞・過去分詞、派生語、英語との比較など、基本的に2語以上をいっしょに覚えるようになっています。

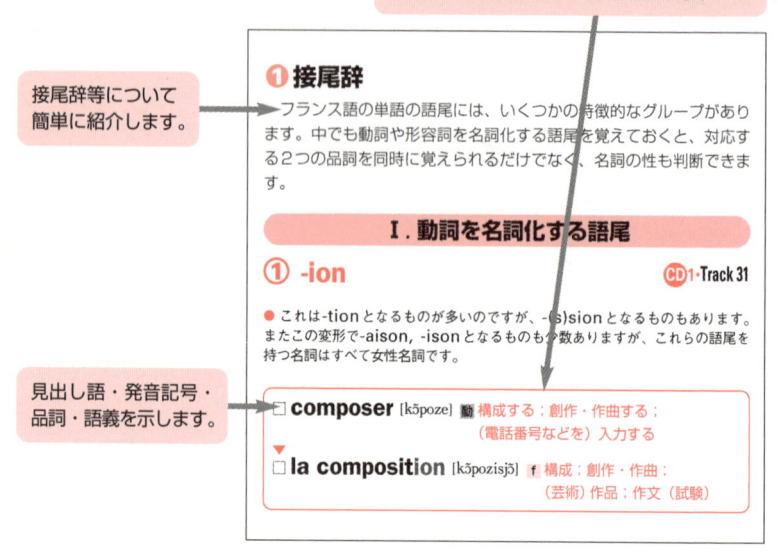

❶ 接尾辞

フランス語の単語の語尾には、いくつかの特徴的なグループがあります。中でも動詞や形容詞を名詞化する語尾を覚えておくと、対応する2つの品詞を同時に覚えられるだけでなく、名詞の性も判断できます。

Ⅰ. 動詞を名詞化する語尾

① -ion
CD1・Track 31

● これは-tionとなるものが多いのですが、-(s)sionとなるものもあります。またこの変形で-aison, -isonとなるものも少数ありますが、これらの語尾を持つ名詞はすべて女性名詞です。

見出し語・発音記号・品詞・語義を示します。

☐ **composer** [kɔ̃poze] 動 構成する;創作・作曲する;
  (電話番号などを)入力する
▼
☐ **la composition** [kɔ̃pozisjɔ̃] f 構成;創作・作曲;
  (芸術)作品;作文(試験)

※第4章の構成は、第2章・第3章に近いものです。

■ 本書で使われている記号・用語

動 動詞　自 自動詞　他 他動詞　代動 代名動詞
形 形容詞　副 副詞　代 代名詞
m 男性名詞　f 女性名詞　複 複数
前 前置詞　接 接続詞　間投 間投詞
不代 不定代名詞　不形 不定形容詞
疑代 疑問代名詞　疑形 疑問形容詞　疑副 疑問副詞
接句 接続詞句
inf. (= infinitif)　動詞の不定形　qn. (= quelqu'un)　人
qch. (= quelque chose)　もの

第 1 章

重要動詞

フランス語の動詞の中でも特によく使われる10語の意味の広がりと用法をよく理解しましょう。この10語を使いこなすことができれば、フランス語による表現をより豊かにすることができます。

重要動詞 1

être [εtr]

→ ～である；存在する・いる

　もともとの「存在する」の意味では、デカルトDescartesの《Je pense, donc je suis.》（我思う、故に我あり）が有名ですが、現在では❶「いる・存在する」の意味で用いられるときには、場所を示す副詞（句）か前置詞句を伴うのがふつうです。

　それよりもこの動詞が活躍するのは、❷主語と属詞を結びつける働きをするときでしょう。属詞の位置には形容詞や名詞・代名詞がきます。この構文で人称代名詞を主語にして人の職業や国籍を言うときには無冠詞の名詞で表現しますが、ceを主語にしたときには一般に不定冠詞がつきます。

　また、前置詞を伴った表現の中では、❸ être de ～で出身を、❹ être à ～で帰属、所有を表すものが基本的です。

　その他❺代名動詞と移動を示す少数の自動詞を複合過去にするとき、そして受動態を作るときの助動詞として使われることも確認しておきましょう。

●êtreの活用●

過去分詞 été	現在分詞 étant
je suis	nous sommes
tu es	vous êtes
il est	ils sont

例　文

❶ ☐ **Elles sont à Paris.**
彼女たちはパリにいます。

☐ **Il n'est pas là.**
彼はいません（不在です）。

❷ ☐ **Marc est grand.**
マルクは背が高い。

☐ **Son oncle est avocat.**
彼の叔父は弁護士です。

☐ **C'est un chanteur.**
あの人は歌手です。

❸ ☐ **Il est de Rome.**
彼はローマ出身だ。

❹ ☐ **À qui est ce sac?**
このバッグは誰のですか？

❺ ☐ **Tu t'es lavé les mains?**
手を洗ったの？

☐ **Quand êtes-vous revenu à Tokyo?**
いつ東京に戻られたのですか？

☐ **Ce soir, je suis invité à dîner.**
今夜私は夕食に招かれています。

重要動詞 2

avoir [avwaːr]

→ 持つ

CD1・Track 3

　avoirの語義の中心は「持つ」ですが、その対象は人や物などの具体的な名詞から抽象的な概念までさまざまです。

　具体的なものでは、❶**所有や人間関係**（子供や友人が「いる」）**を表現する**ときに使うほかに、形容詞のついた体の部分を「持っている」という形で❷**身体の特徴、属性を示す**ことができます。

　また❸**年齢の表現**にもavoirを使いますし、❹**いろいろな無冠詞名詞との組み合わせ**も知っておく必要があります。

　そして❺**il y a ～の形で存在を示す表現**と、❻**全ての他動詞と大部分の自動詞を複合過去にするときの助動詞**として使われることも重要です。

● avoirの活用 ●

過去分詞 eu [y]	現在分詞 ayant
j'ai	nous avons
tu as	vous avez
il a	ils ont

● 関連表現 ●

☐ **la faim** f 飢え　　　　　avoir faim （空腹である）
☐ **la soif** f （喉の）渇き　　avoir soif （喉が渇いた）
☐ **le mal** m 痛み　　　　　avoir mal à ～ （～が痛い）
☐ **le sommeil** m 睡眠　　　avoir sommeil （眠い）
☐ **la peur** f 恐れ　　　　　avoir peur （怖い）
☐ **le besoin** m 必要；欲求　avoir besoin de ～ （～の必要がある）

例　文

❶ ☐ **Vous avez une voiture?**
お車をお持ちですか？

☐ **J'ai des amis français.**
私にはフランス人の友人が何人かいます。

❷ ☐ **Elle a les cheveux blonds.**
彼女はブロンドの髪をしている。

❸ ☐ **– Quel âge as-tu?**
あなたはいくつ？

☐ **– J'ai dix-neuf ans.**
19歳です。

❹ ☐ **J'ai envie de dormir un peu.**
少し眠りたいな。

❺ ☐ **Il y a un bon restaurant près d'ici.**
この近くにいいレストランがあります。

❻ ☐ **Ils ont voyagé ensemble.**
彼らはいっしょに旅行した。

重要動詞 3

faire [fɛːr]

→ する；作る

　この動詞は大きく分けると❶「作る」と❷「する」の２つの語義から成り立っています。作るものは大きさを問わず、店や家庭でパン、ケーキなどを作るのも、工業製品を「生産」する、あるいは家を「建てる」のもfaireで表現できます。また小説や芸術作品を「創作する」意味にもなるほか、合計した数値を作る、つまり計算や勘定の表現にも使え、「作る」に関しては万能選手の感があります。ただし日本語でも小説なら「執筆する」、製品なら「製造する」というように、フランス語でも対象によって別の動詞を用いるほうがより豊かな表現となり、何にでもfaireを使うのは単調で幼稚な印象を与えかねません。

　「する」の意味でも使用範囲は広く、料理や買い物、スポーツなどがその対象となります。その際スポーツや勉強（専攻）などには部分冠詞がつくことも知っておきましょう 。たとえば、faire du ski（スキーをする）、faire du latin（ラテン語を勉強する）など。

　それ以外では、❸使役の構文で助動詞的に使われることと、❹非人称構文で天候を表現することは知っておくべきです。

● faireの活用 ●

過去分詞 fait	現在分詞 faisant [f(ə)zɑ̃]
je fais	nous faisons [f(ə)zɔ̃]
tu fais	vous faites
il fait	ils font

例　文

❶ ☐ **Dans cette usine, on fait des voitures.**
この工場では車を作っている。

☐ **Quatre et quatre font huit.**
4＋4＝8

☐ **Ça fait combien?**
（全部で）いくらになりますか？

☐ **Ça ne fait rien.**
（謝られて）何でもないですよ。

❷ ☐ **– Qu'est-ce que tu fais cet après-midi?**
今日の午後は何をするの？

☐ **– Je fais des courses.**
私は買い物をします。

❸ ☐ **Elle a fait chanter ses élèves.**
彼女は生徒たちに歌わせた。

❹ ☐ **Il fait froid, ce matin.**
今朝は寒いな。
　＊avoir froid は「（人が）寒さを感じる」、faire froid は「（気温が低く）寒い」こと。

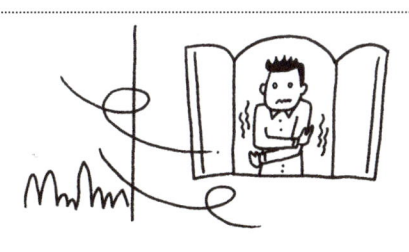

重要動詞 4

prendre [prɑ̃ːdr]

→ 取る；つかむ

　この動詞も多様な意味で使われる、日常的な表現に欠かせない動詞です。語義の中心は「取る；つかむ」ということで、❶「ものを手に取る」ことから戦争などで街を「取る・占領する」ことまで、その対象はさまざまです。また「人からものを取り上げる・奪う」というときには、ものが直接目的になり、人は前置詞àの後に間接目的として置かれます（deでないことに注意）。

　さらに「取る」ことは方向や手段を「選び取る・選択する」意味へと広がり、❷「ある方向・道に進む」こと、「ある交通手段を選ぶ；乗り物に乗る」ことも表現します。またレストランなどでメニューを見て「選ぶ」ことはもちろん、実際に食べものを「摂取する」、つまり❸「食べる・飲む」という意味でもよく使います。

　もう1つ、❹「AをBと受け取る；AをBと取り違える」という意味のprendre A pour Bという表現も知っておきましょう。

　最後に、他動詞としてほどは使用頻度は高くありませんが、自動詞として「（液体が）固まる」、「（火が）つく」、「効果がある」などの意味を持っていることを付け加えておきます。

● prendreの活用 ●

過去分詞 pris	現在分詞 prenant
je prends	nous prenons
tu prends	vous prenez
il prend	ils prennent

例　文

❶ ☐ **Il a pris ce livre.**
彼はその本を手に取った。

☐ **Le voleur lui a pris son passeport.**
泥棒は彼(女)からパスポートを奪った。

❷ ☐ **Je prends le métro pour rentrer.**
私は帰るのに地下鉄を使います。

☐ **Prenez la deuxième rue à droite.**
２番目の通りを右へ曲がってください。

❸ ☐ **Voulez-vous prendre un café?**
コーヒーを一杯お飲みになりますか？

❹ ☐ **On la prend souvent pour sa sœur.**
彼女はしばしば姉（妹）と間違えられる。

重要動詞 5

aller [ale]

→ 行く；調子が～である

　意味の中心はもちろん❶「行く」ことで、そこからものごとや機械などが❷「調子よく進行する・動く」こと、毎日の暮らしや健康状態が❸「順調に運んでいる」ことにもなります。《Ça va?》（元気かい？）という口語表現は、日常最もよく耳にするものの1つです。

　そして後ろに動詞の不定形を置くと❹「～しに行く」という表現と、いわゆる❺「近接未来」の表現を作ります。近接未来は直後に、あるいは確実に起こることを示すもので、単純未来よりも主語の意思や主観が強く出ます。したがって「借りていたお金を返します」というような種類のことは近接未来で言うべきで、単純未来を使うと「余裕ができたらそのうち返すかも」といった無責任な感じになりかねません。また、近接未来を過去形にするときは必ず半過去になることも知っておきましょう。

　そのほか、服や家具などが人やものに❻「似合う；調和する」というときにもallerが使えます。

● allerの活用 ●

過去分詞 allé	現在分詞 ayant
je vais	nous allons
tu vas	vous allez
il va	ils vont

例　文

❶ □ **– Où est-ce que tu vas?**
どこへ行くの？

　　– Je vais à la poste.
郵便局です。

❷ □ **Les affaires vont bien.**
仕事は順調だ。

❸ □ **– Comment va votre mère?**
お母さんの具合はいかがですか？

　　– Elle va très bien maintenant.
今はとても元気です。

❹ □ **Hier, elle est allée voir un film.**
昨日彼女は映画を見に行った。

❺ □ **Je vais te téléphoner ce soir.**
今晩電話するよ。

□ **Le ciel se couvre, il va pleuvoir.**
空が曇ってきた、雨が降りそうだね。

❻ □ **Cette cravate lui va très bien.**
このネクタイは彼によく似合う。

重要動詞 ❻

venir [v(ə)niːr]

→ 来る

　aller（行く）と対になる動詞 venir（来る）は、用法の上でも aller と対比しながら理解することが有効です。すなわち、❶**「来る」**という行動を意味の中心として、❷**出身や産地、ものの由来**などを表します。また venir の示す「来る」という行動は、話し手がいる場所、または話し手が行く場所に「来る」ことで、場合によっては❸**「行く」**と訳すべきときがあります。

　そして〈aller + inf.（動詞の不定形）〉が「〜しに行く」を表現したように、〈venir + inf.〉は❹**「〜しに来る」**を意味します。また aller を使って近接未来を作ったように、venir は❺**「近接過去」**を作りますが、aller の場合と違い近接過去は前置詞 de をはさんで〈venir de + inf.〉になります。近接過去は「たった今〜したところだ」という意味です。

　最後にものを主語にした表現として、❻時期や出来事などが**「到来する・生じる」**、感情や生理現象が**「起こる」**、考えが**「浮かぶ」**という使い方があることも知っておきましょう。

● venirの活用 ●

過去分詞 venu	現在分詞 venant
je viens	nous venons
tu viens	vous venez
il vient	ils viennent

例　文

❶ □ **Vous venez au bureau en train?**
会社へは電車でいらしてるのですか？

❷ □ **Cet ananas vient du Brésil.**
このパイナップルはブラジル産です。

❸ □ **Tu viens avec nous au cinéma?**
ぼくたちといっしょに映画に行くかい？

□ **– Patrice, on t'appelle!**
パトリス、電話よ！

– Je viens tout de suite.
すぐ行きます。

❹ □ **Mes parents viennent me voir ce soir.**
両親が今夜私に会いに来る。

❺ □ **Elle vient de rentrer de Paris.**
彼女はパリから帰ってきたところだ。

❻ □ **Cette idée ne m'est jamais venue à l'esprit.**
その考えは私の頭に浮かびもしなかった。

重要動詞 7

devenir [dəvniːr]

→ 〜になる

　「〜になる」という動詞devenirは、êtreの用法とvenirの活用を知っていれば簡単に使いこなせます。すなわち活用はvenirとまったく同じで、構文はêtreを使って主語と属詞を結びつけるものと同じだからです。属詞の位置にくるのは原則として形容詞か、職業・身分を表す無冠詞の名詞で、❶「(形容詞の状態)になる」、❷「(ある職業・身分)になる」というのが基本的な使い方です。ただし職業名でも、形容詞がついて個別化されると不定冠詞がつきます。また「彼の妻になる」devenir sa femmeのように所有形容詞がつく場合もあります。

　そして疑問代名詞queを使った表現では、「何になるのか」、つまり❸事態や状況が「どうなる」のか、人が「どうしている」のかをたずねることができます。

　また非人称で、〈il devient（またはça devient）de plus en plus + 形容詞 + de + inf.〉で、❹「〜するのはますます(形容詞の状態)になっている」という構文もあります。

● devenirの活用 ●

過去分詞 devenu	現在分詞 devenant
je deviens	nous devenons
tu deviens	vous devenez
il devient	ils deviennent

例　文

❶ ☐ **Cet enfant devient sage ces derniers temps.**
この子は最近おとなしくなってきている。

❷ ☐ **Ma sœur est devenue professeur.**
私の妹は教師になりました。

☐ **Il deviendra un bon avocat.**
彼はいい弁護士になるでしょう。

❸ ☐ **Que devient-elle?**
彼女はどうしているのだろう？

☐ **Qu'est devenu mon portable?**
私の携帯はどこへ行ったんだろう？

❹ ☐ **Il devient de plus en plus difficile de trouver du travail.**
仕事を見つけるのはますます難しくなっている。

重要動詞 8

tenir [t(ə)niːr]
→ 持つ・保つ

　この動詞も活用はvenirとまったく同じです。意味の中心はものを「持っている」「つかんでいる」ことですが、そこから意味の領域を大きく広げていきます。まず実際にものを手に❶「持っている・つかんでいる」こと、人を❷「捕まえている・拘束する」ことから、あるものを、あるいはその状態を❸「保持する・維持する」ことや「管理・経営する」ことへと意味が広がります。目的語によって訳もさまざまに変わり、tenir sa parole（発言を維持する）とは、発言したことを変えない、つまり「約束を守る」ことです。

　自動詞としてはある姿勢・位置を保っていることから、❹「しっかりしている・持ちこたえる」という意味で使い、〈tenir à ～〉の形では、あるものや行為についてしっかり立ち位置を変えずにいる、つまりあるものや行為に❺「愛着を持つ」、「執着する・こだわる」ことを表します。

●tenirの活用●

過去分詞 tenu	現在分詞 tenant
je tiens	nous tenons
tu tiens	vous tenez
il tient	ils tiennent

例　文

❶ □ **Elle tient son bébé dans ses bras.**
彼女は自分の赤ん坊を腕に抱いていた。

❷ □ **La police l'a tenu plus de deux heures.**
警察は彼を2時間以上拘束した。

❸ □ **Tenez la fenêtre ouverte.**
窓は開けておいてください。

□ **Son père tient un hôtel.**
彼の父はホテルを経営している。

❹ □ **Leur mariage tient toujours.**
彼らの結婚は今も続いている。

❺ □ **Elle tient beaucoup à son chat.**
彼女は自分の猫をとても大事にしている。

□ **Je ne tiens pas à le voir.**
どうしても彼に会いたいわけではない。

重要動詞 ❾

mettre [mɛtr]

→ 置く

　mettreも意味する範囲の広い動詞ですが、基本はものをどこかに❶「置く」ことで、ふつうは置く場所が前置詞や副詞で示されます。特にdansを使った場合は「入れる」と訳すことが多いでしょう。そして衣類や装身具を❷「着る・身につける」という意味でもよく使いますが、これは身につける動作を指していて、身につけた状態を表すporterとは区別します。ただし複合過去形にすると「身につけた」状態、つまり「身につけている」ことも表現できます。また、人やものを❸「ある状態に置く・する」こと、お金や時間を❹「費やす・つぎ込む」ことなどにも用います。

　代名動詞se mettreの形もよく使いますが、これは❺「ある状態に身を置く」ことが基本的な意味で、être à tableが「食卓についている状態」を表しているのに対し、se mettre à tableは「食卓につく動作」を表します。また〈se mettre à + inf.〉は❻「～し始める」ことです。

● mettreの活用 ●

過去分詞 mis	現在分詞 mettant
je mets	nous mettons
tu mets	vous mettez
il met	ils mettent

例　文

❶ ☐ **Elle a mis sa montre sur la table.**
　彼女は腕時計を机の上に置いた。

　☐ **Je peux mettre du sucre dans ton café?**
　コーヒーには砂糖を入れてもいい？

❷ ☐ **Mets ton manteau, il fait froid dehors.**
　コートを着て行きなさい、外は寒いよ。

　☐ **Tu as mis une jolie robe aujourd'hui.**
　今日はかわいいワンピースを着ているね。

❸ ☐ **Il a mis sa chambre en ordre avant de sortir.**
　彼は出かける前に部屋を整理した。

❹ ☐ **J'ai mis deux heures pour venir ici.**
　私はここへ来るのに2時間かかった。

❺ ☐ **Mettez-vous à l'aise.**
　どうぞ楽にしてください。

❻ ☐ **Tout à coup, elle s'est mise à pleurer.**
　突然彼女は泣き出した。

重要動詞 10

servir [sɛrviːr]

→ 仕える；給仕する；役立つ

　人や国、あるいは職務などに❶「**仕える・奉仕する**」ことがこの動詞のもともとの意味で、今日でもservir sa patrie（祖国のために尽くす）、servir Dieu（神に仕える）といった使い方もしますが、日常最も使うのは❷「**給仕する**」、すなわち**食べものや飲みものを「出す」**という意味でしょう。この意味ではservir un clientのように人が目的語になることも、servir du vin（ワインをつぐ）のように、食べものや飲みものが目的語になることもあります。

　以上は他動詞としての用法ですが、自動詞としては❸「**役立つ**」という意味で、servir àの形で誰かの、または何かをするための役に立つ、という使い方をします。前置詞àに不定代名詞や疑問代名詞が続くいくつかの表現も覚えておくとよいでしょう。また、servir de ～ とすると❹「**～として役立つ・～の役目を果たす**」ことになります。

　そして代名動詞のse servir de ～は❺「**～を使う・使用する**」ということです。もちろんse servirには「自分で食べもの・飲みものを取る」の意味もあり、《Servez-vous.》は「どうぞご自分で（自由に）お取りください」と人に促すときに使います。

　このservirの名詞形serviceも、当然動詞に対応したいくつかの意味を持ちます。

● servirの活用 ●

過去分詞 servi	現在分詞 servant
je sers	nous servons
tu sers	vous servez
il sert	ils servent

例　文

❶ ☐ **Il a servi sa patrie pendant dix ans.**
彼は10年間祖国に仕えた。

❷ ☐ **Elle m'a servi du vin.**
彼女は私にワインをついでくれた。

❸ ☐ **Ce dictionnaire me sert beaucoup.**
この辞書は私にとても役に立つ。

☐ **Cela ne sert à rien.**
それは何の役にも立たない。

☐ **À quoi sert cette machine?**
この機械は何のために使うのですか？

❹ ☐ **Je sers de guide.**
私が案内役を務めます。

❺ ☐ **Tu peux te servir de ma voiture.**
僕の車を使っていいよ。

●関連語●

☐ **le service** m 奉仕・サービス（料）；給仕；務め；手助け・世話；部局
　service compris（サービス料込みで）
　《Je voudrais vous demander un petit service.》
　（ちょっとお願いしたいことがあるのですが）

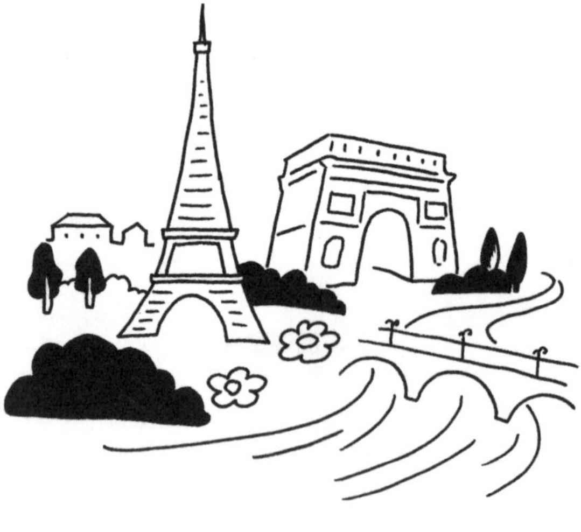

第2章

「意味と用法」で覚える

基本単語の中でも、使用頻度の高いものほどその言語特有の意味領域と用法を持っています。日本語との一対一対応で「暗記」しているだけでは使えるようにならないそれらの単語の意味と用法をよく理解しましょう。

第1部 「意味」に注目する

❶ 意味の多様性に注意すべき基本単語

　フランス語のある単語を仏和辞典で引くと、いくつかの意味が訳語として出ています。基本的な単語ほど使用頻度が高く、使われているうちに意味がずれ、広がり、結果としてその訳語の数も増えることになります。ここではある単語の持つ意味を、その重層性を意識しながら、用例と意味の広がる過程を追うことで捉えてみましょう。

CD1・Track 12

動詞編

□ **donner** [dɔne] 動 与える

＊この語の基本的な意味は「与える」で、

▶ **Il m'a donné ce livre.**（彼は私にこの本をくれた）

のように使いますが、与えるものは抽象的な概念でもかまわないので、

▶ **Il donne l'impression d'être fatigué.**
（彼は疲れているようだ〈←疲れている印象を与える〉）

などと言うこともできます。また具体的なものでも、芝居や映画、あるいはコンサートなどを目的語にすると「興行する・催す」の意味でも使え、その場合主催者を明示する必要がないことが多いので on を主語にして

▶ **On donne un consert ce soir.**（今夜コンサートがある）

といった表現でよく使われます。
　それ以外で知っておくべき意味としては、前置詞 sur とともに使う「～に面している」という言い方です。

▶ **Ma chambre donne sur la mer.**（私の寝室は海に面している）

□ **rendre** [rã:dr] 動 返す・戻す；～の状態にする

＊「返す・戻す」という基本的な意味以外で重要なのは、直接目的に置かれた人を形容詞の状態にする、という使い方です。その場合にはものが主語になることが多く、

▶ **Cette histoire la rendra heureuse.**
（その話は彼女を幸せな気持ちにさせるだろう）

などということができます。
　また、代名動詞のse rendreは「(～へ) 向かう・赴く」という意味になります。

☐ marcher [marʃe] 動 歩く；作動する；はかどる

＊基本は人間が「歩く」ことで、前置詞を使ってmarcher sur ～とすると「～を踏む」、marcher dans ～とすると「～に足を踏み入れる」ことになります。また、機械などを主語にすると「動く・作動する」という意味で、

▶ **Cet ordinateur ne marche plus.**
　(このパソコンはもう動かないよ)

のように使えます。そしてものごとが「はかどる・うまく運ぶ」ことも表現し、《Alors, ça marche (bien)?》(どうですか、うまくいってますか) と、仕事や学業などの状況をたずねることができます。

☐ compter [kɔ̃te] 動 数える；見積もる；重要である
☐ le compte [kɔ̃:t] m 計算・口座；考慮・報告

＊この語もまずは具体的にお金・出席人数などを「数える」(compter de l'argent/les personnes présentes) ところから出て、「見積もる；考慮する；～するつもりである」という意味に広がっていきます。「～する」の部分には動詞の不定形がきます。

▶ **Je compte aller à Paris.** (私はパリへ行くつもりです)

さらには自動詞で「(重要なものとして) 物の数に入る」「重要である」という意味になり、その否定のCela ne compte pas.は「それは重要でない」、日本語の「物の数に入らない」といった感じの表現になります。また、compter sur ～で、「(人や物を) 当てにする・期待する」という意味になり、

▶ **Je compte sur toi.** (当てにしているからね)

のように使えます。
　compterの名詞形であるcompteも、「計算・勘定・(銀行などの) 口座」のみならず、「(見積りや計算結果の) 報告」や「考慮」の意味でも使うので、次の成句は知っておくとよいでしょう。

- **rendre compte de ～** (～を報告する)
- **se rendre compte de ～** (～に気づく・納得する)
- **tenir compte de ～** (～を考慮する)

☐ **arriver** [arive] 動 到着する・到達する；起こる

＊「ある場所に着く」というだけでなく、「目標・目的に到達する」という意味でも使います。そこからarriver à inf.で「うまく〜する」、その否定形で「なかなか〜できない」という表現にも発展します。

▶ **Je n'arrive pas à trouver mes lunettes.**
（どうしても眼鏡が見つからない）

　この動詞の持つもう１つ重要な意味として、思いがけないことが到来する、出来事や事件が「起こる」があります。

▶ **Qu'est-ce qui vous est arrivé?** （何があったのですか？）

というのは日常よく使う表現ですが、vous est arrivéをvous êtes arrivéに聞き間違える人がたまにあります。このvousは「あなたが」という主語ではなく「あなたに」という間接目的語です。
　ちなみにarriverもvenir同様、日本語では「行く」と訳さなければならない場合もあります。「出かけるわよ、早くして！」と言われて、「今行きます！」という返事はJ'arrive!と言います。

☐ **devoir** [d(ə)vwaːr] 動 〜しなければならない；〜を負っている

＊義務や必然を表すこの動詞は、しなければならないことを後ろに動詞の不定形で置き、助動詞的な役割で使われるのが一般的です。

▶ **Et alors, je dois partir.**
（それでは、出かけなければなりませんので）

といった表現で使われるのですが、単独で使われると「誰かに何かを返す義務がある」、特に恩恵やお金を「負っている」という意味になります。このとき返すべきものは直接目的になり、返す相手は前置詞àの後ろに置きます。したがって人称代名詞なら間接目的の形で、

▶ **Je lui dois dix euros.**
（僕は彼に10ユーロ借りている）

といった表現になるわけです。ついでですが、この動詞の不定形と同じ形の男性名詞le devoirは、「義務」の他に「(学校の) 課題・宿題」の意味でも使います。

☐ tomber [tɔ̃be] 動 落ちる；倒れる

＊ものが「落ちる」こと、人が「倒れる」ことが意味の中心で、「雪が落ちる（降る）」（La neige tombe.）、あるいは「日が落ちる（沈む）」（Le jour tombe.）という場合にも使えます。また、ある状態に陥るという意味から、「病気になる」（tomber malade）ことや「故障する」（tomber en panne）ことも表現できます。そしてtomber surで「偶然ある人やものに出くわす」意味にもなり、〈tomber + 日付・曜日〉で、「日程が何日、あるいは何曜日に当たる」という使い方もできます。

▶ Cette année, Noël tombe un vendredi.
（今年は、クリスマスが金曜日に当たる）

この動詞は「落とす」という他動詞としては使えないので、その場合はfaire tomber、うっかり落とすのはlaisser tomberといいます。

☐ trouver [truve] 動 見つける；（〜を〜と）思う

＊この動詞の基本的な意味は「見つける・発見する」ということで、それは探していたもの、例えば「仕事を見つける」（trouver du travail）ときでも、「偶然道に落ちていたものを見つける」ようなときでも使えます。そして、もう1つの重要な意味は、人やものがある状態やある性質であると「見出す」、つまり「思う・感じる」ということです。この場合〈trouver que + 節（＝文）〉という形と、〈trouver qch./qn. + 属詞〉という形の2つを知っておきましょう。

▶ Je trouve que son père est sympa.
▶ Je trouve son père sympa.
（彼のお父さんは感じがいいと思う）

☐ comprendre [kɔ̃prɑ̃ːdr] 動 理解する；含む

＊古くはものをつかむ、とらえる、あるいはそれをどこかに入れておく、という意味だったこの動詞は、今のフランス語では抽象的なことを「把握する・理解する」という意味と、構成要素などを「含む」という意味の2つを持っています。もちろん「理解する」という意味で使うことが圧倒的に多く、

▶ Je ne comprends pas.（分かりません）

はとてもよく使われる表現です。

☐ apprendre [aprɑ̃:dr] 動 学ぶ；教える

＊この動詞は「学ぶ」と「教える」という一見正反対の意味を持っています。もともとはcomprendre同様「ものをつかむ」ことだったのが、しだいに「情報や知識を獲得する」という意味へ限定されてきました。その行為を自分のために行えば「学ぶ・知る」となり、人のために行えば「教える・知らせる」となります。構文上の使い分けは明瞭で、「教える」という意味のときは必ず間接目的の人に直接目的のこと（動詞の不定形やque + 節も含む）を教える、という形になり、それ以外のときは「学ぶ・知る」の意味で使われます。例えば

▶ **Il apprend l'allemand.**
（彼はドイツ語を学んでいる）

に対し

▶ **Il apprend l'allemand à ses élèves.**
（彼は生徒たちにドイツ語を教えている）

となります。

☐ saisir [sɛzi:r] 動 つかむ；把握する

＊comprendreやapprendreが具体的なものから抽象的なものへと「つかむ」対象を変えていったのに対して、saisirはあくまで「手でものをつかむ」ことが基本的な意味です。そこから比喩的にチャンス（une chance）や機会（une occasion）を「つかむ」ことや、要点や文意などを「捉える・理解する」という意味でも使われます。後者の場合comprendreとほぼ同じと考えてよく、

▶ **Je ne saisis pas très bien ce que vous voulez dire.**
（おっしゃりたいことがよく分かりません）

などということができます。それ以外では寒さや熱、あるいは恐れなどの感情が人を「捕らえる・襲う」という意味で使うこともできます。

☐ tuer [tɥe] 動 殺す；(効果などを) 消す・損なう

＊「殺す」などという物騒な動詞は日常そうは使わないと思われるかもしれませんが、比喩的に使われることもあるので知っておかないと戸惑うことになります。その1つは効果や価値などを「消す・損なう」という意味です (実はこちらの方が古く、17世紀までは「消す」という意味がふつうでした)。もう1つは口語的な表現で、「くたくたにする」「ひどく驚かせる」などの意味もあります。これは「死ぬほど疲れさせる」「死ぬほど驚かせる」といった大げさな表現からきたものでしょう。

▶ **Cette nouvelle l'a tué.**
 (彼はそのニュースに仰天した)

　また、代名動詞で se tuer とすると、「自殺する」と「事故などで死ぬ」の2つの意味が考えられます。ただし、「自動車事故で死ぬ」se tuer en voiture は自分で運転していたとき、「海難事故で (または山で遭難して) 死ぬ」 se tuer en mer (en montagne) は自らの意思で海や山に出かけたときに限られるようです。事故死でも、車の助手席に乗っていた場合や、列車や船の乗客だった場合は être tué と受動態を使い、次のようにいいます。

▶ **Il a été tué dans cet accident.**
 (彼はその事故で死んだ)

☐ cuire [kɥiːr] 動 (食べものを) 焼く・煮る

＊この動詞は食べものを加熱調理することを意味し、日本語ではそれぞれ別の語になるいくつかの表現がこの1語で表せます。つまり「焼く」以外の場合は cuire に調理手段を添えて、「煮る・ゆでる」は cuire à l'eau、「蒸す」なら cuire à la vapeur、「炒める」は cuire à sec (「油で炒める」は cuire dans l'huile) などとなります。
　また、cuire は「焼く・煮る」という他動詞と、「焼ける・煮える」という自動詞の用法がありますが、「焼く・煮る」というときも自動詞を faire cuire という形で用いることが多いようです。料理の指示では laisser cuire の形もよく使い、レシピや本の説明は通常不定形で書かれるので「強火で10分ゆでる」なら、次のようになります。

▶ **Laisser cuire à feu vif dix minutes.**
 (強火で10分ゆでる)

- **monter** [mɔ̃te] 動 登る・上がる；上げる
- **descendre** [desɑ̃:dr] 動 降りる・下がる；下げる

＊この２つの動詞はいずれも自動詞と他動詞両方の使い方があります。monterは自動詞なら人を主語として「登る・上がる」、あるいは乗り物に「乗る」という意味で、複合過去の助動詞はêtreですが、ものや数値が主語のときはavoirを助動詞にするので、「物価が上がった」なら、

▸ **Les prix ont monté.**

となります。他動詞ならものを上に「上げる」ことだけでなく、階段や山、坂道を目的語にして「登る・上がる」、馬や船を目的語にして「乗る」となるほか、階段を登るように順序だてて完成に向かうイメージから、機械などを「組み立てる」、映像・画像を「合成・編集する」といった意味もあります。こちらの意味の名詞がmontage（組み立て；モンタージュ写真）です（「登ること・上昇」はmontée）。

　同様にdescendreは自動詞なら人が「降りる・下がる」、乗り物から「降りる」ことですが、日本人には思いつかない用法として、宿泊所や人の家に「泊まる」というのもあり、「昨日は両親のところに泊まった」は

▸ **Hier, je suis descendu chez mes parents.**

といえます。また、monterと違い、ものや数値が主語のときも助動詞はêtreです。他動詞の場合はものを「下ろす・下げる」ことのほか、階段や山などを目的語に「降りる・下る」となるのはmonterと同じです。

- **toucher** [tuʃe] 動 触れる・さわる；当たる；感動させる

＊「触れる・さわる」というのが中心的な意味で、的に「当たる」、目的に「達する」ことにも使えます。また、「心に触れる」ということから「感動させる」意味にもなり、その場合ものを主語にするか、受動態にして

▸ **J'ai été profondément touché par sa lettre.**
（私は彼の手紙に深く感動した）

のようにいいます。それ以外の意味としてはお金、特に給料や年金、あるいは当選金などを「受け取る」ことにも使います。これは俗ないい方をすれば「現ナマに触れる」といったところでしょうか。したがって、「小切手を現金化する」（toucher un chèque）といういい方もあります。

　また、toucher à 〜で「〜に触れる」という使い方もあり、「触れる・さわる」の意味では前置詞がない場合とさほど違いません。比喩的に使っても「さわる」意味から大きく外れることはなく、「手をつける；手を出す」、あるいは「いじくる」「かかわる」といった感じになります。

☐ **tirer** [tire] 動 引く・引っ張る；発射する；印刷する

＊綱を引く（tirer une corde）、カーテンを引く（tirer les rideaux）などが基本的な用法で、tirer qch. de ～で「(何かを) ～から引き出す・取り出す」というようにも使えます。

▶ **Il a tiré son carnet de sa poche.**
（彼はポケットから手帳を取り出した）

そのほか、くじやカードを「引く」こと、「弓を引いて矢を射る」こと、そこから「銃や大砲を発射する」ことやスポーツで「シュートする」ことなども意味します。また、出版物を「刷る」、写真を「焼き付ける（プリントする）」という意味もあります。名詞形は「発射・シュート」の意味では tir、それ以外は「くじ引き」も「印刷（部数）・プリント」も tirage です。

☐ **déranger** [derɑ̃ʒe] 動 散らかす・乱す；じゃまする

＊ものを「散らかす・乱す」ことよりも、「人のじゃまをする」という意味で使うことが多いでしょう。特に

▶ **Je vous dérange ?** （おじゃまでしょうか？）
▶ **Excusez-moi de vous déranger.** （おじゃましてすみません）

という会話表現は知っておくべきです。また《Prière de ne pas déranger》はホテルのドアに掛ける「起こさないでください」の札です。

☐ **remplir** [rɑ̃pliːr] 動 満たす；果たす；記入する

＊基本義は容器や空間を「満たす・いっぱいにする」ことで、何で満たすかは前置詞 de で表します。

▶ **Elle a rempli un verre de vin.**
（彼女はグラスいっぱいにワインをついだ）

または、満たすものを主語にして

▶ **Les spectateurs remplissent la salle.**
（観客が会場をいっぱいにしている）

ということもできます。そして比喩的に条件などを「満たす」、役目を「果たす」意味でも使うほか、喜びや悲しみなどの感情で心をいっぱいにするときにも用います。

それ以外で日常よく使うのは、書類や用紙に「記入する」という意味です。これはつまり、空欄を文字で「満たす」わけです。

名詞編

☐ la nature [naty:r] f 自然；本性・性質

＊この語は大きく分けると実在する「自然」と、人やものの「本性・性質」を意味します。この2つは大変違った意味のようですが、どちらもこの世界にそうあるべく生み出されたもの、与えられたもの、という点で共通しているのです。それが形あるものであれば天と地の間に存在する「自然」であり、目に見えないものであれば人やものに本来与えられた「性質」なのです。

☐ la terre [tɛ:r] f 地球；大地；土

＊この語の広がりは自然に理解できると思います。まず「天」(ciel)に対する「地・地上」であり、「海」(mer)に対する「陸地」を基本とし、われわれの住むこの「世界」、さらに「地球」をも意味します。天体としての地球を指すときは頭文字を大文字にして la Terre とします。
　また「地面」「土地」の意味からは複数形で「地所」になり、物質としての「土」そのものも意味します。土の中でも特に陶土を指すことも多く、terre cuite（焼かれた土）はすなわち「焼き物」のことで、これはイタリア語では terra cotta つまりテラコッタです。

☐ le temps [tã] m 時・時間；天気

＊この名詞は「時間」と「天気」という2つの違った意味を持つので注意が要ります。さらに「時間」は「1時間」や時刻の「〜時」という heure と区別しなければなりません。temps のほうは定冠詞つきで抽象的な「時」、空間に対する「時間」として使い、部分冠詞や所有形容詞をつけると具体的な時間を意味します。「時間がある」は avoir du temps で、「時間を無駄にする」なら perdre son temps です。もちろん具体的な時間でも「〜する時間」と限定されれば le temps de 〜と定冠詞がつきます。成句としては de temps en temps（時々）や tout le temps（しょっちゅう）などはよく使うものです。
　「天気・天候」の意味では、《Quel temps fait-il? — Il fait beau.》（どんな天気ですか？－いい天気です）といった会話でおなじみでしょう。

☐ l'affaire [afɛːr] **f** 用事・仕事；関心事；事件；(複数で) 事業

＊この名詞はもともと à faire つまり「なすべきこと」からできたもので、片づけるべき「用事」、するべき「仕事」であり、関心を持つべき「ことがら」です。また特定の事件や訴訟、スキャンダルを指すこともあります。
　複数形ではいろいろ具体的な意味で使いますが、中でも「事業・ビジネス」と、衣類を中心とした「身の回りの品」を指すことが多く、「実業家」は homme d'affaires といいます。

☐ la chose [ʃoːz] **f** もの・品物；こと；事態・成り行き

＊affaire が抽象的な「こと」から具体的な「もの」へ意味を広げていくのとは逆に、chose はまず具体的な「もの」を指します。de bonnes choses は「おいしいもの」、les êtres et les choses といえば「生物と無生物」のことです。それが抽象的な「こと」も指し、《J'ai beaucoup de choses à faire.》（私はやることがたくさんある）などと使います。そこで、la même chose は「同じ(品)もの」と「同じこと」の両方の意味を持ち、後者の意味では《C'est la même chose.》（それは同じことだ）という表現でしばしば使われます。
　複数では「事態」「現実」あるいは「成り行き」といった意味になり、regarder les choses en face は「現実を直視する」こと、par la force des choses は「ことの成り行きで・仕方なく」ということです。

☐ la carte [kart] **f** カード・証明書；メニュー；トランプ；地図

＊カード状のものを広く指す語で、前置詞 de を使って carte d'identité（身分証明書）、carte de crédit（クレジットカード）、carte de visite（名刺）というようにその用途を示します。レストランのメニューも carte (= carte de restaurant) で、コース料理に対してメニューから単品で選ぶことが à la carte（アラカルト）です。トランプは carte à jouer ですが、単に carte ということが多いのはこの意味で使われたのが最も古いからでしょう。これらの意味は英語の card とだいたい同じですが、フランス語の carte には「地図」という意味もあります。

☐ le plan [plɑ̃] m 地図・図面；計画；平面

＊carte が国や地方の地図、世界地図を指すのに対し、plan は市街などの地図です。もともとは planter（植える）と関係のある語で、木を植え、建物を建てて町の様子が分かるようにした図面のことで、建物や機械などの見取り図・設計図のこともいい、図面に基づいた計画そのものも意味するようになりました。「平面」という意味の plan は「平らな」という形容詞 plan の名詞化したもので、こちらはラテン語の planus から出た別の語だったのですが、語形が同じになり、図面も平面であることから1つの語と思われるようになったようです。

☐ l'article [artikl] m（新聞・雑誌の）記事・論説；品物；冠詞

＊「記事」と「品物」ではまるで違うようですが、この語は articulation（関節・節）と関係があり、新聞や雑誌の中で節によって区切られた個々の「記事」が article で、商品全体の中の個々のものが「品物」ということです。法律や条約などの個々の「条項」「項目」も article で、実はこの意味で使われたほうが早かったのです。また、文法用語の「冠詞」も指します。

☐ l'appareil [aparɛj] m 器具・装置；カメラ・電話機；器官

＊英語で apparel というと「衣服」（clothes）の格式ばった語で、特別な機会に着る衣装のことですが、もともとは「ある目的のために装備されたもの」で、フランス語の appareil は特定の機能を果たす器具や装置なら電話機（appareil téléphonique）から飛行機まですべてを指し、日常的にはカメラ（appareil photographique）の意味でもっともよく使います（ただし映画・テレビの撮影機は caméra）。また、人の作った機械だけでなく、生き物の体の中である機能を果たす「器官」のことでもあります。

☐ le bureau [byro] m 事務机；書斎・事務室；事務所

＊もともとは事務机の上に置く布のことでしたが、やがてその意味は消え、事務机自体を指すようになりました。さらには事務机のある部屋、つまり書斎や事務室、そして事務所や会社全体へと意味が拡大していったのです。

☐ l'office [ɔfis] m 事務所；公社・庁・局；職務・務め

＊日本語の「オフィス」に当たる語は前出のbureauで、officeのほうは広告代理店や営業所以外はもっぱら公的機関について使います。もとの意味は、果たすべき務め、任務で、今でもカトリックのお務め、ミサなども指します。

☐ le cadre [kɑːdr] m 枠組み・額縁；環境；管理職・幹部

＊具体的には窓枠などの枠組み、特に額縁を指しますが、比喩的に人が生活する周囲の環境も意味します。また会社や組織の骨組を担う管理職や幹部のことでもあり、この意味では多くは複数形です。

☐ la direction [dirɛksjɔ̃] f 方向・方角；指揮・管理；経営陣・幹部

＊基本的な意味は「方向・方角」で、ある方向へ向かって指揮や指導・管理をすること、またはそれをおこなう人々のこともいい、具体的には経営陣や理事・部長などの幹部を指します。en direction de ~は「~の方向に向かって」「~行きの」、sous la direction de qn.は「~の指導の下」、音楽なら「~の指揮による」です。

☐ le chef [ʃɛf] m 長・かしら・リーダー；シェフ・料理長

＊日本語でシェフといえば料理長のことですが、フランス語のchefは組織や集団の長を広く指す語です。もともとこの語は「頭」を意味するラテン語だったため、比喩的に人の「先頭」に立ち指揮する者のことになったのです。具体的には課長や部長（chef de bureauあるいはchef de service）、駅長（chef de gare）や企業主（chef d'entreprise）から、よからぬ集団のボス・親玉まですべてchefです。また、オーケストラの指揮者もchef d'orchestreであって、conducteur（運転手；指導者）ではありません。

☐ le timbre [tɛ̃:br] m 郵便切手；呼び鈴・ベル；音色

＊今はtimbreといえば、まずは「切手」のことですが、さかのぼればギリシャ語の「太鼓」にたどり着きます。それがフランス語では「鐘」、特に「呼び鈴」を指すようになり、さらに鐘や鈴だけでなくいろいろな楽器や人の声の「響き・音色」も意味するようになりました。

　その系列とは別に、鐘の形が家や都市の「紋章（盾型大紋章）」を連想させ、それが「証書が有効であることを示すために印刷された紋や印章」の意味で使われるようになったのです。「郵便切手」はtimbre-posteともいいますが、ただtimbreといってもたいていは郵便切手のことです。しかし現在でも「印紙・証紙」や公官庁の「印章」の意味もあり、例えばtimbre fiscal（収入印紙）などというときに使います。

☐ le feu [fø] m 火；火事；照明・ライト；信号

＊調理用の火や暖炉・ストーブの火などの生活用の火から火事（incendie）、人工的な火である花火（feu d'artifice）までさまざまな火以外に、照明やライト、信号などの意味を持っています。また「発砲・射撃」の意味もあり、俗語では「ピストル」のこともいいますが、これは日本語でいうと「ハジキ」といった感じの言葉です。

☐ la glace [glas] f 氷・アイスクリーム；板ガラス；鏡

＊フランス語では「氷」と「アイスクリーム」は同じ単語です。また氷の透明度から「板ガラス」が連想されるのは自然でしょうし、板ガラスを使った車などの「ガラス窓」もglaceです。ただし車や家の「窓ガラス」はvitre、店のショーウィンドウはvitrineで、「板ガラス」を含めたガラス一般を指す語はverreです。さらにガラスから広がった意味で「鏡」もありますが、これはmiroirということが多いかもしれません。

☐ le ménage [menaːʒ] m 掃除・家事；夫婦・世帯

＊もとは家を成り立たせること、家庭を保つことを意味する語でしたが、今は主に2つの意味で使われます。1つは世帯や家族そのもの、とりわけ夫婦のことをいいます。もう1つは家を保つ具体的な行動としての家事、特に掃除のことです。

　そのほかの意味は消えつつありますが、古くは家計・財産を管理し節約することや、所帯道具のことも指しました。そのためこの語から派生した動詞ménagerは「節約する」、déménagerは「所帯道具をよそへ移す」つまり「引っ越す」ことを意味するのです。

☐ l'ordre [ɔrdr] m 順序・秩序；命令

＊ordreは一直線に順序良く並んでいることで、そこから順序・順番、秩序、整頓などの意味が出てきます。そして秩序は「社会秩序・治安」「規律」も指し、donner un ordre（秩序・規律を与える）とはすなわち「命令を下す」ことです。さらに「命令」「指示」は商取引における「注文」へと意味が広がりますが、英語のorderとは違い、レストランでのオーダーや商品の注文（la commande）には使わず、もっぱら金融関係の「売り買いの注文」などに限られます。

☐ le pas [pɑ] m 歩・歩み；歩幅・歩調

＊一歩一歩の歩みがpasで、entendre des pas（歩みが聞こえる）とは「足音が聞こえる」という意味です。pas à pas（一歩一歩）という表現や、バレエのpas de deux（パ・ド・ドゥ）を知っている人も多いでしょう。また「歩幅」「歩調」の意味で使うことも多く、presser le pasといえば「歩調を速める」こと、au pasは「歩調をとって、足並みをそろえて」ということです。

ちなみに否定の副詞ne ～ pasのpasももとはこの語で、本来否定の意味はneのほうにしかなく、ne ～ pasは「一歩も～ない」ということだったのです。

☐ le coup [ku] m 打つこと・打撃；動き；行為・企て

＊意味の中心は「打つ（たたく）こと・打撃」で、「クーデター」（coup d'État）は国家を打ち倒すことです。「打つ」「一撃を加える」はdonner un coupですが、coupは必ずしも暴力的なものだけでなく、ノックのように軽くたたくものも指します。また、精神的な打撃、ショックや、打撃音のような音を伴う発砲などにも使います。

さらには、何かをたたくときのような瞬間的な動作、ちょっとした動きもcoupで、急ブレーキをかける（coup de frein）ことや電話を一本かける（coup de téléphone）ことを表現できます。そして日本語で「一発当てる」（réussir son coup）や「ひとつやってみる」（tenter le coup）というような一か八かの行為・試みも意味するのですが、どちらかというと悪い企てに使うようです。

成句表現としては「突然に」を意味するtout à coupまたはtout d'un coupがよく用いられます。

第2章 「意味と用法」で覚える

☐ **le coin** [kwɛ̃] m 隅・角；街角；場所

＊ものの角やへり、空間の隅を意味する語で、「部屋の隅」(coin de la pièce) などが代表的な使い方ですが、道の曲がり角も指すことから発展し、「街角」「近所」などのこともいいます。そして「一隅」「片隅」という日本語同様、「場所」という意味でendroitやlieuのように使うこともあります。ただ、「一隅」や「片隅」の語感からも分かるように、どちらかというと「目立たぬ場所」「辺鄙（へんぴ）なところ」という意味になることが多いようです。ちなみに口語でle(s) petit(s) coin(s)というと「トイレ」のことです。

☐ **le point** [pwɛ̃] m 点；地点・時点；問題点；程度

＊まず物理的な「点」からある程度の大きさを持った点状のもの、ドット、記号としての点、終止符などを指します。試験やゲームの点数・得点もpointといいます。そして空間的・時間的な位置を示す「地点・時点」、さらには「重要な点」という意味の要点や問題点へと広がります。

また、ものごとがどの点まで達するかを示すものとして「程度・段階」の意味で使われ、前置詞àとともに多くの成句表現を作ります。au pointは機械などが「ちょうどよく調整・整備された」ことで、mettre au pointというと機械や器具を「調整する」、カメラの「ピントを合わせる」、さらには調整・改良をして「仕上げる」「開発する」ことなどを意味します。それに対しà pointは「ちょうどいい時点・時間に」、肉の焼き加減なら「ほどよく・ミディアムで」の意味です。

☐ **la note** [nɔt] f ノート・メモ；注解；勘定書；成績

＊いわゆるノートやメモ帳はcahier (de note)で、noteは書き留める (prendre des notes) 内容そのものをいいます。そして書き留められたものの種類により、本文に対する「注」、外交文書としての「覚書」、支払いのための「勘定書」などさまざまな意味になります。また学校や勤務の成績・評定を記したものの意味もあり、個別の点数pointに対して「いい点を取る」というときの「点」はnoteを使いavoir de bonnes notesといいます。

そのほか音楽用語では「音符」あるいは音符の表す「音」のことで、savoir lire les notesといえば「楽譜が読める」ということです。

☐ le bout [bu] m 端・先；終わり；切れ端・わずかな量

＊長さを持ったものの先端を表す語で、bout du doigt（指先）やbout du lit（ベッドの端）のように使い、比喩的にはものごとの「終わり・限界」のこともいいます。そこからà bout（限界の）、jusqu'au bout（最後まで）という表現も出てきます。そして、よく用いられるau bout de 〜という成句も「〜の端に」という空間的な意味より、「〜の終わりに・〜の果てに」という意味で使うことが多いのです。またun bout de 〜は「〜の切れ端」「〜のひとかけら」ということです。

☐ le fond [fɔ̃] m 底・奥；背景；核心・本質

＊容器や袋状のものの一番奥や底の部分を指すのがこのfondです。le fond d'une bouteille（ビンの底）などが代表的な例ですが、容器の場合は底に残った少量の中身を指すこともあります。また、どんなに大きなものでも入れものに見立てれば「底」があるので、「海の底」（le fond de la mer）や、反対に上へ進んだ奥である「空の果て」（le fond du ciel）などにも使えます。

そして、垂直ではなく水平に進んだ行き止まりにも使い、「廊下の奥の突き当たり」（le fond du couloir）ということも可能です。さらには1つの景色の背景、バックも、ちょうど舞台の書割のようにその空間の一番奥にあることからfondが使えます。そこから芝居の伴奏音楽、背景音はfond sonore、そのほかのいわゆるBGMはmusique du fondといいます。また比喩的には心の「奥底」やものごとの「核心」「本質」も意味します。

注意すべきは慣用句のà fond（完全に・徹底的に）とau fond（結局のところ・実際は）の区別です。冠詞があるかないかでかなり意味が違います。ちなみにsのついたle fondsという名詞が別にあり、もとは同じ語から分かれてできたものですが、これは英語のfundで「資金」のことです。

☐ la fortune [fɔrtyn] f 財産・富；運・偶然

＊古くは「偶然」「運」、特に「幸運」の意味で使われていましたが、幸運によって手に入る大金も意味し、今ではもっぱら「財産」「富」のことを指します。成句でもfaire fortune（ひと財産かせぐ・成功する）やcoûter une fortune（ひと財産分の値段がする・大金がかかる）など、この意味のものが多く、avoir la bonne fortune de inf.（幸運にも〜する）は少し文語的な感じがします。

☐ le sens [sɑ̃:s] m 感覚；意味；方向

＊この語は一見大変に違ったいくつかの意味を持ちますが、大きく分けると「感覚」「意味」「方向」の3つから成り立っています。まず中心となるのはいわゆる「五感」(cinq sens)のような、感覚器官を通じてものを捉える力をいい、そこから認識力や判断力、分別や考え方といった意味へ広がっていき、bon sens（良識）という言葉にもつながります。さらには認識され、理解される内容として、語や文などの言語表現が持つ「意味」を指すようになりました。

　最後の「方向」という意味は、古い時代に別の系統の語を吸収したもののようです。日常生活ではsens unique（一方通行）という表現を耳にすることがあるでしょう。

☐ la forme [fɔrm] f 形・形式；体調

＊物理的な「形・形状」が内容に対する「形式」、生活や政治の「形態」など抽象的な意味で使われるのは自然なことでしょう。それ以外にこの語には「体調」や「コンディション」の意味があるのですが、特にêtre en forme（元気な・好調な）という形でよく使います。

☐ le cas [kɑ] m 場合・ケース；立場・事情；症例

＊「そうした場合は」(en ce cas)や「〜のような場合は」(au cas où 〜)のような形でよく使われる語ですが、さいころのある目が偶然出るようにたまたま起こる、あるいは起こったこと、置かれた立場がcasです。そこからある結果を引き起こす事情、つまり理由や原因も指し、特に法律用語でいう「事由」の意味で使います。また医学用語では「症例」のことですが、患者そのものを指すこともあります。

　成句表現にen tout cas（いずれにせよ・とにかく）がありますが、テニスコートや陸上競技場などで使われる、多孔性で水はけのよい素材を使った「アンツーカー」はこれがもとになっていることにお気づきでしょうか。これは「雨が降っても、どんな天候でも使える」という意味で、英語でen-tout-casと名づけられ、それが日本語でアンツーカーと呼ばれているるわけです。

☐ la peine [pɛn] f （精神的）苦痛；苦労・骨折り；刑罰

＊「罰」がもともとの意味で、刑罰が与える痛みや苦しみを指すようになったのですが、現在peineが意味するのはもっぱら精神的な苦痛です。肉体的苦痛はmalで、avoir malは体の特定部位が痛いことであるのに対

し、avoir de la peineは「心が痛い」「つらい・悲しい」ということです。そして精神的苦痛や苦労を伴う行為、骨折りの意味になり、avec peine（苦労して・やっとのことで）、sans peine（苦労せず・たやすく）といった表現でも使われます。ほかにも ce n'est pas la peine de ～（わざわざ～［の苦労を］する必要はない）、valoir la peine de ～（～［の骨折り］をする価値がある）といった成句もあります。

またà peineは英語のhardlyに似た副詞的表現で、「困難を伴う・～は難しい」ということから、「ほとんど～ない」「やっと～したところだ」という意味でよく使われます。

☐ la cause [koːz]　f　原因・理由；訴訟事件；主義主張

＊ある結果を引き起こす原因、理由がcauseで、à cause de ～（～が原因で・～のせいで）という形でもよく使います。また、利害関係を発生させる原因、ある行動を起こす理由から、大義名分や主義主張、立場といった意味にもなり、訴訟（procès）を起こす原因となる事件、あるいは訴訟そのものを指すこともあります。

☐ la raison [rɛzɔ̃]　f　理性；理由；論拠・道理

＊causeはある結果を引き起こす原因、ある行動を起こす動機という、因果関係における「理由」ですが、raisonは論理的に正当な根拠とみなしうる理由です。それはraisonの中心的な意味が「数字を計算するようにものごとを正しく判断する力、理性」であるからです。したがって、何かを主張する際の正統な論拠、道理のことでもあり、avoir raison（正しい）も道徳的に正しいのではなく、論理的に正しいことなのです。

☐ la mesure [m(ə)zyːr]　f　測定・寸法；節度；措置・対策

＊大きさを測ること、そして複数で寸法というのがもとの意味で、メートルやグラムなどの測定単位、尺度のことでもあります。そして、この尺度が人の言動を測るものを意味すれば「節度」であり、状況や社会情勢を正しく測定して取るべき「措置」や「対策」のことにもなります。この意味では通常複数形で、prendre des mesures（措置を講じる）というように使います。

☐ **le milieu** [miljø] m (複 milieux) 中央；環境；〜界

＊この語はもともと mi-（真ん中）＋ lieu（場所）からなり、空間的・時間的な中央、中間地点のことで、au milieu de 〜（〜の真ん中で・〜の最中に）の形でよく使われます。そして人や動物が生活や活動においてその中心に位置する周囲の環境のことも指し、複数形では「政界」(milieux politiques)や「文壇・文学界」(milieux littéraires) などというときの「界」の意味になります。

☐ **la culture** [kyltyːr] f 文化・教養；耕作・栽培

＊もともとは耕すこと、耕作・栽培の意味で、人間に関しては育成され身についた個人の「教養」、地域や民族の中で形成された「文化」のことになり、通常こちらの意味のほうがよく使われます。つまり 1 つの文化も個人の教養も、大地を耕すように練り上げられ、育成されて成り立つものだということです。この育成、修練という意味は内面的なことに限らず、culture physique というと「体育」のことです。

☐ **la vie** [vi] f 生命；一生；生活

＊生きものの「生命・命」が第一の意味で、生きているあいだの時間、すなわち「一生」「人生」から、日々の「生活」「暮らしぶり」まで意味します。さらに具体的に「生活費」をも指し、gagner sa vie といえば「生活費をかせぐ・生計を立てる」ことです。
　ちなみにモーパッサンの『女の一生』の原題は《Une vie》で、「ある人生」ということです。une はもちろん vie が女性名詞だからついているわけで、主人公が女性だからではありません。

☐ **l'argent** [arʒɑ̃] m 銀；お金・金銭
☐ **le fer** [fɛːr] m 鉄；アイロン；蹄鉄

＊いずれも金属としての「銀」や「鉄」を表すとともにその金属でできた特定のものを意味する点で共通しています。「銀」が「お金」となるのはもちろん銀貨が硬貨の代表だったためです。ただし、現在の argent は抽象的な概念としてのお金で、数えられる紙幣や硬貨と違い部分冠詞をつけて使います。
　fer は金属の鉄であると同時に日常生活における鉄製品の代表である「アイロン」を意味するのは英語の iron と同じです。ほかにも靴底の金具などの鉄製品も意味しますが、中でも「蹄鉄」を指すことが多いのは蹄鉄、特に馬蹄（fer à cheval）がお守りとして使われるためでしょう。

形容詞・副詞編

☐ **bon, *ne*** [bɔ̃, bɔn] 形 よい・適した；善良な；かなり（の量）の
☐ **meilleur, *e*** [mɛjœːr] 形 （bonの比較級）よりよい

＊比較級の「よりよい」はmeilleur(e)、最上級の「最もよい」はle meilleur (la meilleure)であることはいうまでもありません。

　bonはそれが本来持っているべき性質に適っている、優れていることで、人については人間性が「善良な」「親切な」こと、技術や能力が「優れている」ことであり、食べものなら「おいしい」ことです。抽象的なものに関しては「適した」「正確な」「有益な」など、いろいろな訳がありえます。また、数量を表す表現につくと「たっぷり」「かなりの」という強調になることも知っておかねばなりません。

▶ **On met une bonne heure à pied.**
（歩いたらたっぷり1時間はかかる）

　また、比較級のmeilleurに定冠詞がつくと最上級になるのはもちろんですが、所有形容詞がついてもやはり最上級になります。所有形容詞が名詞を限定する度合いは、定冠詞と同じくらい強いので、

▶ **Il est mon meilleur ami.**

は、「彼は私の一番の親友だ」ということで、「私のよりよい友人」ではありません。

- **bien** [bjɛ̃] 副 よく・うまく・正しく；確かに；とても
- **mieux** [mjø] 副 (bienの比較級) よりよく

＊bienはbonの意味を副詞にしたもので、mieuxはその比較級です。したがって、基本的な意味は「よく・うまく」「正しく・適切に」などであること、《C'est bien.》のように不変化形容詞としても使われることについては問題ないでしょう。

　注意すべき点は、一般に程度を強調すると考えられているbienは、いつも「とても・非常に」のように意味を強めるとは限らないことです。確かに「もちろん」というbien entenduやbien sûrは程度を強めていますが、《Je veux bien.》は《Je veux.》よりも弱いのです。《Je veux.》は「どうしても手に入れたい」という大変強い表現で、《Je veux bien.》は「適切な度合いで欲する」ことを意味し、食べものや飲みものを勧められたときの返事では「それはいいですね、いただきましょう」という婉曲的な表現になるのです。

　このような強い意味を持つ動詞につくbienは意味を「適度に」弱める働きをすることは知っておくべきで、《Je l'aime.》は「彼（女）のことを愛している」という意味ですが、《Je l'aime bien.》は「彼（女）には好感を持っている、いい人だと思っている」ということになるのです。

▶ **Je veux bien.** ([ものを勧められて] ええ、いただきます)
▶ **Je l'aime bien.** (彼［女］には好感を持っています)

- **mauvais, e** [mɔvɛ, -vɛːz] 形 悪い；劣った；適切でない
- **mal** [mal] 副 悪く；下手に

＊それぞれbon、bienの反意語で、比較級は限られた表現以外はpire、pisよりplus mauvais、plus malが使われます。

　意味は基本的にbon、bienの反対と考えてよいのですが、mauvaisには数量表現を形容する（弱める）用法はありません。そのほかはbonの場合と対照的に「本来持つべき性質が劣る」ことで、いつも「悪い」と訳せるわけではありません。mauvais garçonは「不良少年」ですが、mauvais avocatは「悪徳弁護士」ではなく、弁護士としての能力が劣っている、つまり「無能な弁護士」という意味です（ちなみに「悪徳弁護士」はavocat malhonnête）。

　malについても同様で、chanter malやjouer malは歌や演奏が「下手」なことですが、entendre malは「よく聞こえない」こと、connaître malは「あまり知らない」ことです。これらは情報量が少ないことであり、payer mal（支払いが悪い）も金額が少ないことで、

malには「量が少ない」ことを示す場合も多く、そこから逆にpas mal de 〜（少なからぬ、かなりの量の〜）という表現も生まれ、これはun bon nombre de 〜とほぼ同じ意味になります。

- **C'est un mauvais avocat.**（あれは無能な弁護士だ）
- **Pardon, je vous entends mal.**
（すみません、［あなたの声が］よく聞こえません）

□ cher, chère [ʃɛːr] 形 大切な・貴重な；親愛な；高価な・高い

＊「親しい・愛する」と「値段が高い」ではだいぶ違うようですが、「大切な・貴重な」という中心的な意味でつながっているのです。「親しい・愛する」の意味では、手紙の書き出しのCher monsieurやChère madameでも分かるようにたいてい名詞の前につきます。逆に「高価な・値段の高い」という意味のときは名詞の後で、この意味では副詞としても使い、《Ça coûte cher.》（それは高い）のようにいえます。また、「〜にとって大切な」はcher à 〜となり、名詞の後または属詞として使います。

- **Cette photo est chère à mes parents.**
（この写真は私の両親にとって大切なものだ）
- **Je connais un restaurant pas cher.**
（私は高くないレストランを知っている）

□ joli, e [ʒɔli] 形 きれいな・かわいい；相当な

＊形の整った完全な美しさやすばらしさ、立派さを指すbeauに対し、かわいらしく魅力的であることがjoliで、une belle femme（美しい女性）とune jolie femme（かわいらしい、素敵な女性）の違いがよく例として出されます。男性についてはun bel homme（ハンサムな男性）とはいいますがjoliとはいわず、「素敵な服、靴」など衣類の場合もふつう男性に対しては使いません。もちろん、人についてだけでなく、ものについても使えます。

そして、このjoliが会話では「相当な」「かなりの」の意味で使われることがあるのです。toucher une jolie sommeといえば「相当な金額を手にする」ことです。

さらには皮肉な表現として「結構な・たいした」となることもあります。この場合は男性についても使い、un joli monsieur（たいした男）は、「とんでもない、嫌なやつ」という意味で使うのです。

- **Il y a un joli parc dans cette ville.**
（この街にはしゃれた公園がある）

☐ clair, e [klɛːr] 形 明るい；澄んだ；明白な・はっきりした

＊遮るものがなく、視界が開けていることが本来の意味で、まずは日の光で明るいことに使い、遮る雲がなく晴れた空が ciel clair です。また水やガラスなどに汚れがなく「澄んでいる」ことや、色が「明るい・薄い」ことも指します。

　そして理解や判断を妨げるものがなく「明らかな」ことにもなり、説明が分かりやすいことや事態が明白なこと、頭脳が明晰なことなどにも使えます。《C'est clair.》（それははっきりしているよ）は会話でよく耳にします。

▸ **Ma chambre est très claire.**
（私の寝室はとても明るい）
▸ **Son explication me paraît peu claire.**
（彼の説明は明確でないように思う）

☐ sûr, e [syːr] 形 確信している；確かな・確実な；安全な

＊心配や不安、疑いの必要がないことが sûr で、ものごとが「確かな・確実な」こと、場所などが「安全な」ことをいいます。そして人を主語にした être sûr de/que ～（～を確信している、確かだと思う）や、bien sûr「もちろん」は非常によく使います。

▸ **C'est le moyen le plus sûr.**
（それが一番確実な方法だ）
▸ **Je suis sûr de notre victoire.**
（私はわれわれの勝利を確信している）

☐ dur, e [dyːr] 形 固い；困難な；厳しい

＊dur はまず物理的に「固い」ことで、それが「～しがたい」「困難な」の意味でも使われ、問題が「難しい」こと、坂や階段が「きつい」こと、状況が「つらく大変な」ことなどを指します。そして人に関しては、態度が「厳しい」「無情な」ことをいいます。

▸ **C'est dur de vivre dans de telles conditions.**
（そのような状況で暮らすのは厳しい）

◻ **frais, fraîche** [frɛ, frɛʃ] 形 涼しい・冷たい；新鮮な；若々しい

＊第一には「涼しい・肌寒い」こと、飲みものなどが「冷えた・冷たい」ことで、次には食べものなどが「新鮮な」「新しい」ことを指します。野菜や魚なら「取れたて」、パンなら「焼きたて」で、crème fraîcheは「生クリーム」です。そこからさらにペンキが「塗りたて」なことや出来事が「起こったばかり」であること、人については「若々しい」「はつらつとした」、いわゆるフレッシュなことも意味します。

▶ **J'ai mangé du pain frais ce matin.**
（今朝は焼きたてのパンを食べた）

◻ **ancien, *ne*** [ɑ̃sjɛ̃, -sjɛn] 形 古くからある・古代の；以前の・もと・旧

＊名詞の後では「昔からある・古代の」の意味で、古い神殿（temple ancien）や古代史（histoire ancienne）のような場合に使い、名詞の前では「以前の・もと」の意味で、以前の（改定前の）値段（ancien prix）や卒業生（ancien élève）などというときに使います。ancien amiは「かつての友人」で、今はつき合いがないことになり、vieil ami（古くからの友人）との違いに注意が必要です。

▶ **J'ai l'intention d'apprendre le grec ancien.**
（私は古典ギリシャ語を習うつもりです）
▶ **Il a vendu son ancienne maison.**
（彼は前の家を売ってしまった）

◻ **pauvre** [poːvr] 形 貧しい・貧弱な；あわれな・みじめな

＊ancien同様、位置によって意味が変わります。名詞の後では「貧乏な・貧弱な」で、homme pauvreは「貧しい男」、terre pauvreは「やせた土地」です。それに対して名詞の前では「あわれな・みじめな」の意味になり、pauvre hommeは「あわれな男」、pauvre salaireは「安月給」ということです。

▶ **Il a été élevé dans une famille pauvre.**
（彼は貧しい家庭で育った）
▶ **Le pauvre garçon a perdu ses parents.**
（可哀そうなその少年は両親を失った）

□ **pareil, *le*** [parɛj] 形 同じような・よく似た；そのような

＊pareilはêtreなどを使った文で属詞の位置にあるときは「同じような・よく似た」という意味ですが、名詞に直接つくと「そのような・こんな」の意味になることがあります。

▶ **Je l'ai vu hier à pareille heure.**

は「わたしは昨日の同じ時間に彼と会った」ということですが、

▶ **Est-il rentré à une heure pareille?**

は「彼はそんな時間に帰ってきたの？」ということです。ただし、この意味のときは名詞の前に置かれることも多く、その際には冠詞をつけないのがふつうです。「そんな場合」はen pareil casまたはdans un cas pareilとなります。

□ **pur, *e*** [pyːr] 形 純粋な・混じりけない；(名詞の前で) まったくの

＊日本語で「ピュアな」というと純潔で穢れのないことを指す場合が多いのですが、基本的な意味は「ほかの要素が混ざっていない」ことで、or purは「純金」、laine pureは「純毛」です。もちろん、精神的な純粋さも意味しますが、それも打算やよこしまな心が入っていないということです。そして名詞の前では「純然たる」「まったくの」という意味です。

▶ **C'est un pur hasard.** （それはまったくの偶然だ）

この例文も「偶然以外の要素がない」ということです。

□ **vif, *ve*** [vif, viːv] 形 生き生きした；鋭敏な；激しい

＊これはもちろんvivre（生きる）とつながりのある語で、「生き生きした・活発な」ことですが、必ずしもよい意味だけで使うわけではなく単に動きが激しい場合もあり、avec des gestes vifsは「せわしない身振りで」ということです。行動的な面だけでなく頭の働きが活発であること、すなわち「鋭敏な」ことにも使い、感情や気性が「激しい・怒りっぽい」ことも意味します。ものについては寒さや痛みの激しいこと、色の鮮やかなことや派手なことも形容する語です。

▶ **Dans son enfance, elle était très vive.**
（子供の頃、彼女はとても活発だった）
▶ **Cette couleur est trop vive pour moi.**
（この色は私には派手すぎる）

☐ **épais, se** [epɛ, -pɛs] 形 厚い；濃い；粗野な

＊第一の意味はものの厚みがあることで、minceの反対で、人については体形がずんぐりしていることや指が太いことなどをいいます。次には密度が濃いこと、濃厚なことを指し、sauce épaisseは「濃いソース」、forêt épaisseは「密林」です。そして厚みがあることはすなわちスマートでないことなので、冗談などが「粗野な・品がない」という意味で使うこともあります。

▶ **Il n'a pas l'esprit épais.** （彼は頭が鈍くはない）

☐ **profond, e** [prɔfɔ̃, -fɔ̃:d] 形 深い

＊この語は実際の深さだけでなく、比喩的に「奥深い」「深みがある」ことも表すのですが、それよりも大事なことがあります。それは「浅い」もこの単語を使ってpeu profondということです。つまりフランス語には「浅い」という形容詞はなく、「深さが少ない」と表現するのです。したがって、「浅い川」はrivière peu profondeとなります。

▶ **Heureusement, la blessure était peu profonde.**
（幸いその傷は浅かった）

☐ **majeur, e** [maʒœ:r] 形 より大きい・重要な；成年に達した
☐ **mineur, e** [minœ:r] 形 重要でない・マイナーな；未成年の

＊この2語は対を成し、大きさがより大きい、小さい、特に重要度が大きい、小さいことを表しますが、年齢に関しては、法的な成人（フランスでは18歳）に達しているかいないかを意味し、名詞化して「成年者」「未成年者」としても使います。また音楽でいうメジャーとマイナー、つまり「長調の」「短調の」の意味もあります。

▶ **Mon fils n'est pas encore majeur.** （息子はまだ未成年です）
※比喩的に「半人前だ」という意味でも使われる。

☐ **drôle** [dro:l] 形 滑稽な・おかしい；奇妙な・変な

＊名詞につけて使うと「滑稽な・おかしな」という意味で、histoire drôleは「愉快な話」です。属詞の位置にくると「滑稽な」のほかに「奇妙な・変な」という意味になることがあります。《Cette pièce était drôle.》は「その芝居はおもしろかった」ということですが、《C'est drôle!》といえば「変だな」「おかしいぞ」という意味になります。また un(e) drôle de ～は「奇妙な・変な～」で、不定冠詞は名詞の性に一致します。次の２つの例を比べてみてください。

▶ **Hier, j'ai vu une émission drôle.**
（昨日おもしろい番組を見た）
▶ **Hier, j'ai vu une drôle d'émission.**
（昨日変な番組を見た）

☐ **beaucoup** [boku] 副 たいへんに・非常に；たくさん

＊bienとともにフランス語で最も基本的な副詞で、程度や頻度、数量などを強調するものであることはご存じの通りです。
　程度や頻度の強調は、動詞に対してのみならず、beaucoup plus、beaucoup moinsなどの形で形容詞の比較級に対してもおこなわれます。また動詞については、基本的には強調なのですが、bienの場合と同様に人を目的語としたaimerにつくときは注意が必要です。《Je t'aime beaucoup.》も《Je t'aime.》よりは弱いのです。aimer qn.にbienがつくとその人に好感を持っているということですが、beaucoupがつくと「よい友人である」ことを意味する場合が多いのです。真の愛には何も飾りがつかないわけです。
　数量については、〈beaucoup de ＋ 無冠詞名詞〉で「多くの～」となるのはもちろん、「多くの人」や「多くのこと」はpersonnesやchosesを省略してbeaucoup単独で名詞のように使うこともあります。

▶ **Il parle beaucoup.**
（彼はよくしゃべる）
▶ **Je l'aime beaucoup.**
（彼［女］はよい友人です）
▶ **Elle est beaucoup plus sympa que sa sœur.**
（彼女は妹よりずっと感じがいい）
▶ **Beaucoup sont venus voir cet accident.**
（多くの人がその事故を見にやって来た）

□ **debout** [d(ə)bu] 副 立って；起きて；快復して

＊副詞ですが、属詞の位置に置かれることも多く、不変化形容詞のようにも扱われます。姿勢として立っている状態を表す語ですが、そこから「寝ている状態でない」、すなわち「起きて活動している」ことも意味します。つまり第一の意味ではêtre assis（座っている）の反対で、第二の意味ではêtre couchéあるいはêtre au lit（寝ている・床についている）の反対です。したがって「病床にある」ことの反対、つまり健康状態が「快復している」ことにも使います。

▶ **Il était déjà debout quand son réveil a sonné.**
（目覚ましが鳴ったとき、彼はもう起きていた）

❷ 意味の範囲・使い分けに注目

　フランス語のある単語が持っている意味の範囲は、日本語の訳語が持つ意味の範囲とは当然一致しません。そのため１つの単語に３つ、４つ、あるいはそれ以上の訳語があてられることになり、逆にいくつかの単語に同じ１つの訳語が使われることにもなるのです。

　そこで外国語を学習する際には、意味の似た語や対になった語、意味領域の重なる語がどのように使い分けられ、あるいはどの意味では同様に使えるのかを意識することが大切です。以下では、そうした語を比較しながら単語を習得してみましょう。

CD1・Track 15

動詞編

[見る・聞く]

- **écouter** [ekute] 動 （注意して）聞く
- **entendre** [ãtã:dr] 動 聞こえる；分かる・理解する
- **regarder** [r(ə)garde] 動 見る・眺める；関わる
- **voir** [vwa:r] 動 見える；会う；分かる

　＊ écouter と regarder はともに自分の意思で聴覚、視覚を使って情報を得ようとする行為であるのが共通点です。したがって「私はラジオを聴く」「テレビを見る」はそれぞれ

▶ **J'écoute la radio.**
▶ **Je regarde la télévision.**

となります。それに対し entendre と voir は意識しなくとも情報が入ってくる状態で、「聞こえる」「見える」ということです（ただし「映画を見る」や「サッカー中継を見る」のように「鑑賞する・観戦する」という場合は voir で、なかなか難しいのですが）。

　そこで「見る」「聞く」という行為ではなく、聴覚、視覚を通じて情報を把握しているということから、entendre と voir はともに「理解する」「分かる」の意味にもなります。特に voir は日常的に相づちのように使い、《Je vois.》は「分かります」というより「ああ、なるほど」、《..., tu vois, ...》は「分かるよね」「分かるかい？」というより「ほら、〜だろう？」という感じで会話の中によく挿入されます。

また、voirは「人に会う」という意味でもよく使い、「医者に診てもらいに行く」もaller voir le médecinです。「訪ねる」というとvisiterと言いそうですが、これは医者が「往診する」ときに使い、医者にかかる場合には用いません。もちろんaller voirは「見舞いに行く」ことや、単に「会いに行く」ことでもよく、「明日彼のお見舞いに行く」は次のようにいえます。

▶ **J'irai le voir demain à l'hôpital.**

　そのほかregarderには「かかわる・関係する」という意味もあり、concernerと同じように使います。「私には関係ない」《Ça ne me concerne pas.》は

▶ **Ça ne me regarde pas.**

ともいえます。

[知る]

□ **savoir** [savwaːr] 動（情報・事実を）知っている
□ **connaître** [kɔnɛtr] 動（経験・体験を通して）知る

　＊基本的な違いはsavoirが知識として知っていることであり、connaîtreは経験を通じて知ることにあります。例えば「誰々を知っている」はconnaître qn.で、これはその人と会った経験があり知り合いになった場合、また作家などの著名人なら作品を読んだことがある、活動内容を知っているということです。目的語が地名なら、その土地を訪れたことがあるという意味になります。それに対し「その人の名前は知っている」ならsavoir son nomで、savoirはある1つの情報を知識として知っていることなので、目的語には名前nomや住所adresse、電話番号など限られたものしかかきません。外国語も1つの知識なので「イタリア語ができる」はsavoir l'italienですが、connaître l'italien très bienというと単なる知識ではなく、イタリア語を使って生活した経験があるようによく知っている、という感じでたいていは強調のtrès bienがつきます。

　この2語は語法の点から見ると大きな違いがあります。savoirは目的語に限られたものしか置けない代わりに、従属節や動詞の不定形を取ることが多く、逆にconnaîtreはその用法がありません。また「〜する技術を持っている」はsavoir + inf.で、《Je sais nager.》は「私は泳げる」と訳せますが、これは泳ぐ技術があるということで、でも今日は風邪なので泳げない《Je ne peux pas nager.》ということもあるわけです。

▶ **Je sais son adresse.**（彼の住所は知っています）
▶ **Je ne connais personne à Nice.**（ニースに知り合いはいません）

第2章 「意味と用法」で覚える

[話す・言う]

- **parler** [parle] 動 話す・しゃべる
- **dire** [di:r] 動 言う・述べる
- **raconter** [rakɔ̃te] 動 語る・物語る

＊ふつう parler には「話す」、dire には「言う・述べる」という訳語があてられます。基本的な違いは、parler が口を動かして言葉を発する行為を指すのに対し、dire は言語によって感情や考えを表現する点にあります。

▶ **Il parle pour parler.**

「彼はしゃべるためにしゃべる」というのは「しゃべってはいるが内容は何もない」ということで、

▶ **J'ai quelque chose à te dire.**

「君に話したいことがあるんだ」はおしゃべりをしたいのではなく伝えたい内容があるわけです。

そこで用法も、dire は語るべき内容を直接目的にして他動詞で用いるのに対し、parler は話すという行為を表す自動詞で使うのが原則で、他動詞になるのは「フランス語を話す」(parler français) のように言語が目的語になるような限られた場合だけです。ただ、実際には「(人) に話しかける」(parler à qn.)、「～について話す」(parler de qch.) のように間接目的語を伴うことが多い動詞です。

raconter は物語やエピソードなどのまとまった話を語る、ということで、口語では「作り話をする」「口からでまかせを言う」という意味で使います。

最後に dire を使った成句表現もいろいろあるので、中でも次のものは知っておくとよいでしょう。

- **c'est-à-dire** ～ （つまり～だ、いい換えれば～だ）
- **ça veut dire** ～ （それは～という意味だ）
- **pour ainsi dire** ～ （いわば～だ）
- **on dit que** ～ （～という話［うわさ］だ）
- **on dirait que** ～ （まるで～のようだ）
- **vouloir dire** ～ （～を意味する、～ということだ）

[得る]

- **gagner** [gaɲe] 動 得る；かせぐ；勝つ
- **obtenir** [ɔptəniːr] 動 得る・手に入れる

＊gagnerは努力して獲得することで、目的語になるものの第一はお金です。gagner ～ euros par moisなら「月に～ユーロかせぐ」となり、gagner sa vieは「生計を立てる」ことです。金銭以外で努力の結果得るものといえば「勝利」「賞」「評価・名声」などでしょう。スポーツで「試合に勝つ」（gagner un match）ことや「よい評判を得る」（gagner une bonne réputation）場合にはこの動詞が使えます。また、日本語で「時間をかせぐ」というのと同様にgagner du tempsともいえます。「かせぐ」「勝つ」「得する」などの意味では、自動詞の用法もあります。

obtenirも基本的には努力や準備を前提として「得る」ことですが、gagnerよりも目的語になる語の範囲は広く、「職を得る」「免許を取る」などのほか、「休みをもらう」「選挙権を得る」のように申請によって、あるいは当然の権利として得る場合も使えます。スポーツや映画の「賞」（prix）についてはgagnerとobtenirの両方が使えますが、obtenirだと「受賞する」、gagnerだと「賞を獲得する・勝ち取る」という感じになります。

▶ **Elle ne gagne pas encore sa vie.**
（彼女はまだ自分で生活費をかせいでいない）
▶ **Ça y est! J'ai gagné!**（やった！ ぼくの勝ちだ！）
▶ **Il n'a pas encore obtenu son permis.**
（彼はまだ免許を取っていない）

[受ける・受け取る]

☐ **accepter** [aksɛpte] 動 受ける・受け入れる
☐ **recevoir** [rəsvwaːr] 動 受ける・受け取る；迎え入れる

＊accepterはrefuser（拒む・断る）の反意語で、「受け入れる・承諾する」が基本的な意味です。したがって「受け取る」と訳せる場合も「申し出を受け入れる」ということで、《Acceptez ce petit cadeau.》（ささやかなものですがお受け取りください）や《Il n'a pas accepté ce cadeau.》（彼はその贈り物を受け取らなかった）のように、プレゼントそのものより贈り物の申し出を受け入れるかどうかが問題なのです。それに対しrecevoirは実際に受け取る行為を意味し、「手紙を受け取る」（recevoir une lettre）、「受賞する」（recevoir un prix）などというときに使います。したがって、次の例文のような場合もあるわけです。

▸ **Elle a reçu son invitation, mais elle ne l'a pas acceptée.**
（彼女は彼の招待状を受け取ったが、その招待には応じなかった）

またrecevoirは客を「迎え入れる」「もてなす」の意味でもよく使い、学校に「合格する」ことは「受け入れられる」ことなので受動態でêtre reçu(e)と表現します。

[投げる]

☐ **jeter** [ʒ(ə)te] 動 投げる；捨てる
☐ **lancer** [lɑ̃se] 動 投げる・放つ；発する

＊jeterは放り投げる動作そのものを、lancerはある目標、目的に向けて投げる行為を示す動詞です。したがって、jeterは単にものを放り出す、ごみなどを捨てる場合と、何かに向かって投げる場合の両方に使いますが、lancerははっきりとした目的のあるときに使います。それは砲丸を投げるような、「遠くへ投げる」ことそのものが目的であってもよいのです。したがって、声を「発する」場合も、jeterはjeter des cris（叫び声を上げる）のように声を出すこと自体を表し、lancerは命令や非難の言葉を相手に発するときに使うことが多いのです。また、lancerには乗り物を「発進させる」、ロケットを「打ち上げる」という意味もあります。

▸ 《**Défense de jeter des ordures**》（ごみ捨て禁止）
▸ **Lance-moi la clé.**（鍵を投げてくれ）

[たたく・打つ]

- **battre** [batr] 動 たたく・殴る・打つ；打ち負かす；かき混ぜる
- **frapper** [frape] 動 たたく・殴る・打つ；心を打つ；ノックする

＊どちらも人をたたく、殴る、ものを打つ、という意味で使いますが、battreは繰り返したたく、打つという行動を、frapperはたたく、打つという1回の行為を指すのが基本です。したがって、穀物を脱穀する、バターやクリームを攪拌（かくはん）する、かき混ぜる、という連続的・持続的行為にはbattreを使い、自動詞では心臓が脈打つという意味にもなります。また、スポーツなどで相手を「打ち負かす」ことになるのも、一度の打撃ではなく攻撃を繰り返し最終的に倒す、という試合全体の流れを捉えているからです。

　frapperは比喩的に「人の心を打つ、驚かせる」ことや病気や不幸が「突然襲う」ことも意味します。また自動詞ではドアを「ノックする」ことにも使い、そのときは前置詞àを使ってfrapper à la porteといいます。

▶ **D'abord, battez bien les œufs.**
（まず、卵をよくかき混ぜてください）
▶ **J'ai été frappé par la gentillesse de cet enfant.**
（私はその子の優しさに打たれた）

[眠る]

- **dormir** [dɔrmiːr] 動 眠る
- **s'endormir** [sɑ̃dɔrmiːr] 動 寝入る・寝つく

＊「横になる」「床に就く」というse coucherに対し、どちらも「眠る」ことですが、dormirは眠っている状態を、s'endormirは起きている状態から眠りに移ることを意味します。

▶ **Le bébé dort.**（赤ちゃんは眠っている）
▶ **Le bébé vient de s'endormir.**（赤ちゃんは今寝ついた）

[貸す]

- **prêter** [prɛte] 動 貸す
- **louer** [lwe] 動 賃貸しする；賃借りする；予約する

＊prêterは無償で何かを貸すことで、お金を含めいろいろなものが目的語になり、「手を貸す」(prêter la main)、「耳を貸す」(prêter l'oreille)といった比喩的な表現にも使います。louerのほうはもともと「ある場所を賃貸借する」ことで、貸すのにも借りるのにも使えます。場所以外で使うのは、車をレンタルする場合です。劇場や乗り物の座席を「予約する」のにも使いますが、座席もお金を出してその場所を借りているわけです。

▶ Il m'a prêté un parapluie. （彼は私に傘を貸してくれた）
▶ Elle a loué une voiture pour la journée.
（彼女はその日一日レンタカーを借りた）

[〜のように見える・思える]

- **paraître** [parɛtr] 動 現れる；〜のように見える；〜だそうだ
- **sembler** [sɑ̃ble] 動 〜のように見える・思われる

＊paraîtreは「姿を見せる」「出現する」がもとの意味で、本が「出る・出版される」というときにも使いますが、「ある姿をして目の前に現れる」ことから「そういう様子に見える」という意味になります。例えば

▶ Elle paraît très jeune.

なら「彼女はとても若く見える」ということです。また「誰々（の目）に」をつけparaître à qn.となることも多く、これはsemblerを用いたsembler à qn.とほとんど同じ意味になり、《Cela me paraît nécessaire.》（私にはそれは必要なことと思える）は

▶ Cela me semble nécessaire.

ともいえます。どちらかというとparaîtreは客観的な様子を、semblerはその人の判断を示しているのですが、違いが意識されることは少ないでしょう。そして、非人称のil paraît à qn./il semble à qn.も「誰々（の目）には〜と思われる」という同じ意味で使えます。ただしà qn.のつかないil paraît queに節が続くと「〜という話だ、〜だそうだ」という、情報をもとにした伝聞推定になります。これはsemblerにはない用法で、次のように使います。

▶ Il paraît qu'elle va se marier. （彼女は結婚するらしい）

名詞編

　意味の類似した名詞の使い分けは、大きく分けると2つの原理に基づいています。1つはものの規模・大きさによる使い分け、もう1つは種類・性質の違いによる使い分けです。

Ⅰ. 規模・大きさによる使い分け　　CD1・Track 16

　例えば日本語の「糸」にあたるフランス語はfilですが、この語は木綿や絹でできたものばかりでなく金属製の線のこともいいます。それが太くなるとficelleで、さらに太いものがcordeです。ふつうはそれぞれに「糸」「ひも」「綱」という訳があてられますが、基本的にはどれもひも状の細長いもので、違いはその太さにあるといってよいでしょう。太さが変われば材質も変わり、結果として用途も変わるわけです。ここでは大きさや規模によって違う語が用いられるものをまとめてみましょう。

[糸・ひも]

- **le fil** [fil] m 糸；(金属の) 線；(話の) 筋
- **la ficelle** [fisɛl] f ひも；(操り人形の) 糸・技巧；術策
- **la corde** [kɔrd] f 綱・ロープ；(楽器の) 弦

[かばん]

- **le sac** [sak] m 袋；かばん
  ＊ sac à mainは「ハンドバッグ」、sac à dosは「リュックサック」。
- **la serviette** [sɛrvjɛt] f 書類かばん
  ＊ タオルや食卓用ナプキンの意味もあります。
- **la valise** [valiːz] f 旅行かばん
- **la malle** [mal] f 大型トランク

[たばこ]

- **le tabac** [taba] m たばこ（の葉）；葉巻・巻きたばこ・パイプなどの総称；たばこ屋
- **le cigare** [sigaːr] m 葉巻
- **la cigarette** [sigarɛt] f （紙巻）たばこ

[時計]

- **la montre** [mɔ̃ːtr] f 腕時計；懐中時計
- **le réveil** [revɛj] m 目覚まし時計
- **la pendule** [pɑ̃dyl] f 振り子時計；掛け（置き）時計
- **l'horloge** [ɔrlɔːʒ] f 大時計

＊日本語では「腕時計」「目覚まし時計」のように「時計」の前に種類を示す語をつけますが、フランス語では別の単語を使います。horlogeは駅や公園など公共の場所にある大時計です。また男性名詞のpenduleは「振り子」です。

[工場]

- **l'usine** [yzin] f 工場
- **la fabrique** [fabrik] f （中小規模の）工場；製作所

＊fabriqueは半製品を組み立て製品化する工場ですが、日本語でも会社名以外では製作所も「工場」というように、フランス語でも日常はどちらもusineといいます。

[川]

- **la rivière** [rivjɛːr] f 川
- **le fleuve** [flœːv] m （海にそそぐ）大河

＊厳密にはrivièreは、海にそそぐ大きな河であるfleuveの支流ですが、大きさによって使い分けることもあるようです。rivièreよりも小さな小川はle ruisseauといいます。

[店]

□ **le magasin** [magazɛ̃] m 店・商店；倉庫
□ **la boutique** [butik] f 小売店・ブティック

＊magasinは「倉庫」がもともとの意味で、比較的大きな店を指し、grand magasinというと「百貨店・デパート」のことです。boutiqueは小売店で、パン屋でもおもちゃ屋でもboutiqueですが、日本語のブティック同様ブランド品を売るオシャレな洋服屋を指すことも多いようです。

[券・チケット]

□ **le ticket** [tikɛ] m（バス・地下鉄の）切符；食券
□ **le billet** [bijɛ] m（列車・飛行機の）切符；（映画、コンサートなどの）券；紙幣

＊「切符」や「券」という意味では共通していますが、バスや地下鉄の切符や食券はticket、電車、バスの切符や催し物の入場券はbilletで、どうやらbilletの方が大きいものを指すようです。billetには「紙幣」という意味もありますが、確かに入場券と紙幣は同じような大きさです。

ちなみにticketは英語から入った語ですが、もとは古いフランス語のestiquetteが英語になって語頭のesが取れ、つづりも変化してできた語をフランス語が逆輸入したのです。もとのestiquetteはその後étiquetteとなりましたが、これは「貼り付けた札・ラベル」のことで、宮廷で食事の着席順を示す札の意味もあったため、宮廷での作法や礼儀、つまりエチケットという意味にもなりました。

Ⅱ. 種類・性質による使い分け　　　CD1・Track 17

　日本語で「客」というと店に来る客も家に来る客も指しますが、フランス語では区別します。それどころかフランス語では「訪問客」（visiteur）と「招待客」（invité）も違う単語です。店の客、顧客はclientですが、これは医者や弁護士にとっての「客」、つまり患者や依頼人の意味でも使います（そもそもclientは弁護士の依頼人の意味がもとでした。古代ローマでは訴えられた被護民［cliens］がその庇護者［patronus］(パトロン)に弁護を依頼したので、ラテン語では弁護士もpatronusといいます）。このように、日本語の訳語が同じになってしまうものでも、その種類や性質の違いによって単語を使い分けねばならないことも多いので、以下にそうした語をまとめてみましょう。

［道・道路・通り］

- **l'avenue** [avny] f（都市の中心部を通る直線の）大通り
- **le boulevard** [bulvaːr] m（都市の周辺部を走る環状の）大通り

　　＊avenueは辞書を見ると「並木のある大通り」となっていますが、並木の有無は必要条件ではありません。avenueは公共の建物などのある中心街へ通じる大通りです。一方、boulevardのほうはもともと都市を取り囲んでいた城壁を取り壊した跡が遊歩道となったものがその起源です。都市が発展し、より広くなると、それを囲む新しい城壁を作り古いものは取り壊したので、その跡が環状に残ったわけです。したがって、boulevardは完全な環状でないまでも大きく弧を描き、多くは都市の周辺を走っています。

　　余談ですがboulevardはもともと木の幹や厚板を使った城壁工事を意味するゲルマン語で、今も「防塁・防波堤」という意味の英語bulwarkやドイツ語Bollwerkとして生き残っています。

- **la route** [rut] f （都市間を結ぶ）道路；街道
- **la rue** [ry] f （都市の中の）通り・街路；市街
- **le chemin** [ʃ(ə)mɛ̃] m （都市の外の）道；道のり；
（目的に向かう）道・手段
- **la voie** [vwa] f 道路・交通手段；（鉄道の）線路・（駅の）番線；
手段・方法

＊rueは街中にある通りで、両側に建物がある場合がほとんどなので、「路上で」というときはdans la rueといいます。avenueやboulevardも街中にあるので、両側に建物があればdansを使うこともありますが、たいていはsurを使います。都市外にあるrouteやcheminは両側に建物があることが少ないのでsur la route、sur le cheminです。cheminやvoieは抽象的な意味で使われることも多く、voieを「道路」の意味で使うのはどちらかというと行政用語です。

[駅]

- **la gare** [gaːr] f （鉄道の）駅
- **la station** [stasjɔ̃] f （地下鉄の）駅

＊この区別は簡単で、地下鉄の駅がstation、それ以外の鉄道（主に国有鉄道SNCF）の駅がgareと思っておけばよいでしょう。ただし、gareに形容詞がつくとgare routière（長距離バスやトラックのなどのターミナル）など、鉄道の駅以外のものを指すこともあります。

ちなみに、「モンパルナス駅」（Gare Montparnasse）はもちろんモンパルナスにありますが、「リヨン駅」（Gare de Lyon）はリヨンにあるのではなく、リヨン方面に向かう鉄道の始発駅で、パリにあります。

la gare

[警官・巡査]

- **l'agent de police** [aʒɑ̃ d pɔlis] **m** (都市部の) 警官・巡査
- **le gendarme** [ʒɑ̃darm] **m** (地方都市、小都市の) 警官

＊agentは「代理人」や「公官庁などの職員」も意味しますが、de policeをつけずにagentだけでも「警官」の意味で使われます。「お巡りさん」と呼びかけるときは《Monsieur l'agent》と言います。映画や小説などでflicという語を覚えた人もいるかもしれませんが、これは「サツ」、「デカ」あるいは「ポリ公」といった感じの俗語で、やたらと使ってはいけません。

一方、gendarmeを辞書で引くと必ず「憲兵」と出ていますが、これは誤解のもとです。この語はgens d'armesからできたものなので「憲兵」でもよさそうですが、gendarmeはかつて日本に存在した憲兵とは性質が違います。日本の「憲兵」は、「騎兵」「歩兵」「砲兵」などと並ぶ陸軍の一兵科で、その機能の中心はもともと軍事警察機能でした。それに対しフランスのgendarmeは組織上は国防省に属しますが、その主な仕事は行政警察・司法警察で、つまり一般の警察任務です。agentが都市部で果たす役割を、人口1万人以下の町村で果たすのがgendarmeなのです。フランスの小説の翻訳に「憲兵」が出てきたら、「警官」に置き換えて読んだほうが原作のイメージを損なわずに済むでしょう。市民にとってはどちらも「お巡りさん」なのですから。

《関連語》

- **l'agent** [aʒɑ̃] **m** 警官；代理人；(公官庁の) 職員
- **la police** [pɔlis] **f** 警察；治安

[新聞・報道・定期刊行物]

- **le journal** [ʒurnal] **m** 新聞；ニュース番組；日記
- **la presse** [prɛs] **f** (総称として) 新聞・定期刊行物；報道

＊今journalといえばまずは「新聞」を思い浮かべますが、もともとは「日 (jour) の」という形容詞で、「新聞」はpapier journal (日刊紙) のpapier (紙) が省略されたものです。その後、形容詞としての機能は失われ、「日々の」を意味するjournalierという形容詞が新しく生まれましたが、「毎日記すもの」である「日記」もjournalということがこの語のもとの意味を感じさせます。そして、新聞の機能の中心である報道も今

やテレビの方が有力であるのか、「ニュース番組」もjournalといいます。
　presseはもともと圧縮・圧搾をする（presser）こと、あるいはその機械のことでしたが、特に印刷機を指すようになり、しだいに印刷物、中でも新聞を意味するようになりました。今では総称としての新聞や報道、ジャーナリズムという意味でよく使われ、集合的に報道関係者、ジャーナリスト（journaliste）を指すこともあります。新聞以外の出版物や定期刊行物もpresseといえますが、それも総称で、個別にはむしろjournalを使ってjournal de mode（ファッション誌）などといいます。

[雑誌]

- **le magazine** [magazin] m グラビア雑誌
- **la revue** [r(ə)vy] f 雑誌；点検

＊magazineは英語から入った語で、写真やイラストなどのあるグラビア雑誌です。revueは定期刊行物、中でも専門的な雑誌を指しますが、もともとrevoir（再び見る）の過去分詞なので、「点検・検討」の意味もあります。定期刊行物は週刊、月刊、季刊など、同じ間隔をあけて出版物を「再び見る」ことからこう呼ばれるようになりました。
　余談ですがmagazineはフランス語のmagasin（店）が英語に入ってきた語です。初めmagasinは倉庫の意味であったことは前に述べましたが、magazineは「情報がたくさん詰まった倉庫のような出版物」ということだったのです。

[映画]

- **le cinéma** [sinema] m 映画；映画館
- **le film** [film] m 映画（作品）；フィルム

＊cinémaはジャンルとしての映画芸術と、映画館の両方の意味を持ちます。個別の映画作品はfilmで、これはもちろん映画のフィルムのことでもあります（写真のフィルムはpellicule）。したがって「映画を見に行く」はaller au cinéma（映画館に行く）またはaller voir un film（映画作品を見に行く）となります。

[職業]

- **le métier** [metje] m 職業；仕事
- **la carrière** [kaʁjɛːr] f （生涯の）職業；職歴・経歴；キャリア

＊「職業」というとすぐprofessionを思いつきますが、これは公式文書などでも使われるどちらかといえば硬い語で、日常的にはmétierのほうをよく使います。carrièreは特別な訓練を必要とし、階級が昇進するような職業、特に外交官や政治家、軍職などに対して使います。また個別の職ではなく、生涯を通じての職歴やいわゆるキャリアの意味でも使います。

[医者]

- **le médecin** [mɛdsɛ̃] m 医者・医師
- **le docteur** [dɔktœːr] m （博士号を持つ）医師；博士

＊médecinは一般に「医者」で、特に内科医を指すことが多く、外科医はchirurgien（女性形chirurgienne）といいます。docteurは博士号を持つ医師ですが、お医者さんに「先生」と呼びかけるときは博士号の有無にかかわらず《Docteur》といいます。また、学位としての博士も指し、docteur en droit（法学博士）、docteur ès lettres（文学博士）というように使いますが、医者以外の博士にはふつうdocteurとは呼びかけません。

[作家]

- **l'auteur** [otœːr] m 作家・作者；張本人
- **l'écrivain** [ekrivɛ̃] m 作家・文筆家

＊auteurは職業としての作家よりもまず文章の「書き手・著者」を指し、彫刻や映画、音楽などの「作者・作り手」も意味します。さらにはある行為、とりわけ悪事などを思いつき実行した張本人という意味もあり、auteur d'un crimeは犯罪の実行者、つまり「犯人」です。

　écrivainは動詞écrire（書く）からできているのでもっぱら文章の書き手で、職業としての作家、文筆家をいい、女性の場合も男性名詞で使います。

[生徒・学生]

☐ **l'étudiant** [etydjɑ̃] m, **l'étudiante** [etydjɑ̃:t] f 大学生
☐ **l'élève** [elɛ:v] m f 生徒；学生

＊英語のstudentはアメリカでは小学校から大学までの生徒を指しますが、イギリスではふつう大学生のみを指します。同様にフランス語でもétudiant(e)は高等教育課程の学生、特に大学生を指し、élèveは小学生（écolier）、中学生（collégien）、高校生（lycéen）を総称していいます。ただし、それは初等教育、中等教育の生徒を意味するということではなく、有名なエコールノルマルなどの、大学以上に専門的な学問を修めるグランドゼコールの生徒もélèveというのです。また、芸術家などの弟子もélèveです。

[試験]

☐ **le concours** [kɔ̃ku:r] m 選抜試験・競争試験；コンクール；協力
☐ **l'examen** [ɛgzamɛ̃] m 試験・テスト；検査・検討

＊concoursはもともと「一緒に走る」ことで、複数の人が並んで走り、競争することから選抜試験やいわゆるコンクールのことになりましたが、「1つの目的に向かって一緒に走る」ことから「協力」の意味もあります。examenは「試すこと」なので試験といっても能力を試す資格試験で、concoursのように定員が決まっているものではなく、一定の基準・得点に達していれば合格となるものです。また「試す」ことから「検査・検討」の意味もあり、「血液検査」（examens de sang）や「健康診断」（examen médical）というように使われます。

l'examen

[人々]

- **le monde** [mɔ̃:d] m 世界；(集合的に) 人々
- **les gens** [ʒɑ̃] m 複 人々

＊mondeはもちろん「世界」のことですが、集合的に「人々」のことにもなります。その意味ではgensと同じように使え、「たくさんの人」はbeaucoup de mondeともbeaucoup de gensともいえます。ただし、gensは常に複数形です。「青年・若者」をjeune hommeといいますが、jeunes gensはその複数形として使われます。

　mondeの表す世界は第一に世界全体、地球全体ですが、範囲を広げて全宇宙を指すこともあり、逆に狭めて「実業界」(monde des affaires)などと使うこともできます。また「すべての」という形容詞をつけたle monde entier (全世界) とtout le monde (すべての人々・全員) の違いには注意しましょう。

[心]

- **l'âme** [ɑ:m] f 魂；心・精神
- **le cœur** [kœ:r] m 心臓；心・気持ち；中心

＊âmeは「魂・霊魂」が第一の意味で、生命の宿った人間の「心」あるいは「精神」をいい、知性的な精神であるespritに対し「精神力」(force d'âme) や「パイオニア精神」(âme de pionnier) というときの「精神」です。

　一方、cœurはまず「心臓」のことで、ついで感性の働く場所としての「心」の意味を持ちます。これは日本語で心苦しいことを「胸が痛む」というのに通じます。したがって、その時々に感じる熱意や不安、恋愛感情など個別の気持ちを指すことが多いのですが、その人個人が持っている心や気持ちの優しさをいうこともあります。avoir du cœurは「心がある」、つまり優しさ、思いやりのあることです。また心臓は体の中心にあることから「中心(部)・核心」の意味もあり、au cœur de ～は「～の中心に」です。

[顔]

- **le visage** [vizaːʒ] m 顔；顔つき・表情
- **la figure** [figyːr] f 顔；顔つき・表情；図・図形
- **la face** [fas] f 顔面；(ものの) 面・側面

＊visage と figure は「顔」「顔つき・表情」という意味ではほぼ同じですが、figure のほうがややくだけた感じになります。また、figure は本文を説明するための図や、幾何学の図形のことでもあり、他にもトランプの絵札や著名な人物という意味もあります。

　face は身体の部位としての顔・顔面で、どちらかというと医学用語のような響きがあります。また、コインの表や立方体の面など具体的なもののほか、事態や問題の側面・局面という抽象的な「面」も指します。

[板]

- **le tableau** [tablo] m 絵・絵画；黒板・掲示板；光景・場面
- **la planche** [plɑ̃ːʃ] f 板・板材；ボード；(複数で) 舞台

＊tableau は何かが書かれた、あるいは書くための板で、特に板やカンバスに描かれた絵画を指すのに最もよく使われます。文字を書くものである場合は黒板 (tableau noir)、あるいは掲示板や告知板、一覧表などの意味になります。また描かれた絵画のような光景や場面もいいます。

　planche は材料としての板から製品化されたボードまで板状のものを広く指し、まな板もアイロン台も planche です。複数では「舞台」の意味になり、monter sur les planches は「舞台に上がる」、あるいは「役者になる」ということです。日本語で役者や芸人が「板の上に立つ」と表現するのと同じです。

le tableau

第2章 「意味と用法」で覚える

[場所]

- □ **l'endroit** [ɑ̃drwa] m 場所・土地；箇所・部分
- □ **le lieu** [ljø] m 場所・所；(複数で) 現場
- □ **la place** [plas] f 場所・位置；余地；座席；広場

＊「場所」の意味ではendroitとlieuは同じように使うこともできるのですが、endroitのほうが具体的、日常的に使われる語です。さらにendroitは「見物するならパリではここ」というように全体の中のここ、この場所、と指示する感じが強くなります。したがって、土地という意味での場所だけでなく、「この本の中のこの箇所」や「体のこの部位」など、特定された部分を示すのにも使われます。それに対しlieuはより一般性、抽象性が高くなり、「時間と場所を決める」(fixer l'heure et le lieu) というときや「公共の場所で」(au lieu public) などというときはlieuを使います。また、より抽象的な語であるlieuはau lieu de 〜（〜の代わりに）、avoir lieu（行われる；起こる）という成句の中で多く使われます。ただ、複数にすると具体性が出ますが、これは事件などが起こった「現場」ということで、lieux du crime（犯行現場）というように使います。

placeは場所といっても「人やものが占めている空間」で、劇場や乗り物の「座席」のことでもあり、人やものが入る「余地・スペース」でもあります。抽象的な使い方をすれば人の占めている場所、位置とは「順位」や「立場・地位」になり、さらには「職」にもなります。また公共の「広場」もplaceで、place de la Concorde（コンコルド広場）などは有名でしょう。具体的にも抽象的にも使えるplaceは、lieu同様à la place de 〜（〜の代わりに）、sur place（即座に）といった成句でもよく使われます。

[庭]

- □ **le jardin** [ʒardɛ̃] m 庭・庭園；公園
- □ **la cour** [kuːr] f 中庭；宮廷；法廷

＊住居の敷地内にある庭や、いわゆる庭園などはjardinで、塀や建物に囲まれた中庭、校庭などはcourです。courは広い中庭を囲む宮殿や宮廷も指し、公共の大きな建築物である裁判所あるいは法廷も意味します。

jardinはjardin publicとすると「公園」ですが、これは街中の小さなものでもよく、大規模な公園はparcといいます。parcは城や宮殿の庭も指すほか、「駐車場」(= parking) の意味もあります。

[都会・田舎]

- **la ville** [vil] f 都市・町；都会
- **le village** [vilaːʒ] m 村・村落；田舎
- **la campagne** [kɑ̃paɲ] f 田舎・田園；作戦・遠征；キャンペーン
- **la province** [prɔvɛ̃ːs] f 地方・田舎

＊villeと対になる語は、「町」という意味に対してはvillage（村）、「都会」という意味に対してはcampagne（田舎）があります。campagneは元来「平原」の意味で、そこでおこなわれる軍事行動、軍事作戦、野戦や遠征などを指すようになり、それが比喩的に政治や商業活動におけるいわゆる「キャンペーン」の意味で使われるようになりました。

　villeとvillageはどちらも人の住む地域で、人口や規模が対立点ですが、campagneは広い土地があって住む人が少ない、という点でvilleと対立しているわけです。「地方・田舎」の意味ではほかにprovinceがありますが、これは首都パリに対してそれ以外の地域を指します。プロヴァンス地方のProvenceとはつづりが違うので注意しましょう。

[言葉・言語]

- **le mot** [mo] m 語・単語；言葉
- **la parole** [parɔl] f 言葉；発言；約束
- **la langue** [lɑ̃ːg] f 言語・言葉；舌

＊motは1つの単語のことですが、言葉あるいは言葉による表現のことにもなり、gros motは罵倒などの野卑な言葉、chercher ses motsは「言葉を探す」つまり「考えながらたどたどしく話す」ことです。

　paroleは発する、あるいは発せられた言葉で、発言という意味にもなり、prendre la paroleは「発言する」です。また一度発せられた言葉は「約束」になり、「約束を守る」はtenir (sa) paroleといいます。

　langueは「舌」のことですが、「舌」が「言語」の意味も持つのはギリシャ語のγλῶσσα (glōssa)、ラテン語のlinguaからすでにそうで、英語のtongueも同じです。paroleが個々の発言を指すのに対し、langueはある民族や国、または集団の言語体系で、「日本語」や「フランス語」は1つのlangueです。また「話し言葉」はlangue parléeといいます。

　ほかにlangageという語もあり、これは少し硬い語で「言語活動」のことですが、「言葉使い」「ものの言い方」という意味でも使います。

[習慣・風習]

- **l'habitude** [abityd] f （個人の）習慣；癖
- **la coutume** [kutym] f （社会・地方の）習慣；風習
- **les mœurs** [mœːr, mœrs] f 複 （ある民族、時代の）習俗・風習

＊habitudeはd'habitude（いつもは）、comme d'habitude（いつものように）という表現でもよく使われます。coutumeは個人のものでなく、ある社会集団の中で伝えられてきたしきたりなどを指します。mœursは常に複数形で、主に衣食住などの生活様式についていいますが、社会については「風紀」、個人については「素行・品行」の意味にもなります。

[行為・行動]

- **l'acte** [akt] m 行為；記録・証書；（戯曲の）幕
- **l'action** [aksjɔ̃] f 行動・活動；作用；株式

＊acteは個人の個別的な「行為」が基本的な意味で、そこから行為を記録した文書（法的文書や証書、複数で使うと議事録や学会記録）も指します。また、登場人物が行為をする場面ということから芝居の「第何幕」というときの「幕」も意味し、「第3幕第4場」ならacte III, scène 4です。
　一方、actionは考えたこと、思考に対する実際の「行動」で、個人のものだけでなく特定の集団や人間一般の「活動」も意味します。そのほか薬やものごとの「作用」「効力」、映画や小説の「筋」のことも指し、英語のactionにはない意味としては「株・株式」があります。

[意見]

- **l'avis** [avi] m 意見・考え；助言；（文書や掲示による）告示・通知
- **l'opinion** [ɔpinjɔ̃] f 意見・見解；世論・世評

＊avisは実際に目の前にいる相手に対して述べられる意見や考えを指すことが多く、それが専門家に求められる場合は「助言」にもなります。また不特定多数の人に対する文書や掲示による告示もavisで、《Avis au public》とあれば「お知らせ」です。
　opinionはavisと同様に個人の意見、考えも指しますが、考え方そのものや信条の意味もあり、個人ではなく世の中全体の意見、つまり「世論」もopinion (publique)です。

[情報]

- **l'information** [ɛ̃fɔrmasjɔ̃] **f** 情報；(複数で) ニュース
- **le renseignement** [rɑ̃sɛɲmɑ̃] **m** 情報・資料；案内・案内所
- **la nouvelle** [nuvɛl] **f** 知らせ・情報；(複数で) ニュース・消息

＊「情報」の意味で最も広く用いられるのはinformationで、複数形で特にテレビやラジオのニュースのことも指し、口語ではinfoと略したりします。renseignementは何か特定の目的に役立つ実用的な情報をいうことが多く、道順や電車の時刻の「案内」はこの語です。したがって、「案内所」はbureau d'informationsでもよいのですが、むしろbureau de renseignementsあるいは単にrenseignementsということが多いでしょう。

nouvelleはもちろん「新しい」という形容詞からできた語なので、「新たに知らせられたこと」という意味での情報で、複数では新聞やテレビのニュースを指します。また、やはり複数で「人の消息・便り」の意味にもなります。

[間違い・誤り]

- **l'erreur** [ɛrœːr] **f** 誤り・間違い；過失
- **la faute** [foːt] **f** 誤り・間違い；落ち度・責任
- **le tort** [tɔːr] **m** 誤り・間違い；損害

＊「誤り・間違い」という意味ではこの３語は共通していますが、erreurは気づかずに犯してしまう間違いをいうことが多く、具体的には思い違いや計算ミスなどがそうです。それに対してfauteは本来そうあるべきことになっていない種類の間違いで、faute d'orthographeは「正しいつづりになっていない」という意味の「間違い」なのです。したがって計算ミスや誤植はerreurもfauteも使えるのですが、fauteのほうが「正しいものになっていない」という感じが強く出ます。そこでfauteは本来すべきことから外れた行い、落ち度の意味での「誤った行動」や、それに伴う「責任」のことにもなり、《C'est pas ma faute.》(僕のせいじゃないからね) とは日常よく聞くせりふです。

tortも「誤り・間違い」あるいは「損害」の意味ですが、日常的には具体的な名詞としてよりもavoir tort (間違っている) という表現で、avoir raison (正しい) と対にしてよく使われます。

[出来事・アクシデント]

- **l'accident** [aksidɑ̃] m 事故・災害
- **l'incident** [ɛ̃sidɑ̃] m 支障・トラブル・もめごと
- **l'événement (évènement)** [evɛnmɑ̃] m 出来事・事件

＊日本語の「アクシデント」はちょっとしたトラブルや予期せぬ出来事をいいますが、フランス語のaccidentは交通事故のような死者や負傷者の出る災難を指します。もちろん大げさな表現でちょっとした災難や偶然などを意味することもありますが、「アクシデント」のような日常よく起こる困った出来事、トラブルにはincidentを使います。

événementはよいことにも悪いことにも使い、毎日の出来事も歴史的な事件も指しますが、複数形で使うと社会情勢、特に革命などの非常事態をいいます。

[法]

- **la loi** [lwa] f 法・法律；規則・法則
- **le droit** [drwa] m 権利；法；税・料金

＊loiは総称としての法で、「法の名において」(au nom de la loi)や「法の下で」(devant la loi＝フランス語では「法の前」) というときはloiです。さらに法よりも広く人が従うべき「規則・規範」も指しますが、その場合は多くは複数形です。単数では自然現象などの「法則」という意味にもなります。

droitは「まっすぐな」や「右の」というdroitともとは同じで、より古い語形から分かれてできた語がdirect（まっすぐな・直接の）です。そこでdroitは道徳的にまっすぐで道を外れていない当然のこと、正当なことから「正当な権利」や「守るべき正しい決まり、法律」という意味になったのです。loiに対し、「民法」(droit civil)、「刑法」(droit pénal) などというときの個々の法はこちらです。さらには特定の権利を享受、行使するために払う料金や税のことも指し、「入場料」はdroit d'entréeで「入る権利を得る料金」です。税金は一般にはimpôtで、droitは関税や印税など特定のものだけについていいます。「印税」はdroits d'auteurですが、単数でdroit d'auteurとすると「著作権」なので注意が必要です。

[力]

- **la force** [fɔrs] f 力；能力；武力・軍隊
- **le pouvoir** [puvwa:r] m 力・能力；影響力；権力

＊forceは人に関しては肉体的な腕力と精神力の両方を指し、複数にすると能力・力量の意味になります。ものについては強さや強度で、風力はforce du vent、経済力はforce économiqueです。また組織された力、勢力や武力のことも指し、特に複数では「軍隊」の意味にもなります。à force de ～（～の力によって）とは、「多くの～のおかげで、大いに～したので」という意味で、deの後には無冠詞名詞か動詞の不定形がきます。

　pouvoirはもちろん、動詞pouvoirの名詞化で、物理的な力ではなく抽象的な「～できる力」であり、人の能力や影響力、組織や国などの権力をいいます。

[種類]

- **le genre** [ʒɑ̃:r] m 種類；流儀；ジャンル
- **la sorte** [sɔrt] f 種類・部類
- **le type** [tip] m 型・類型；典型

＊「種類」の意味ではgenreとsorteはほぼ同じように使え、「どんな種類の服」はquel genre（またはsorte）de vêtementです。

　意味領域はgenreのほうが広く、生き方・生活様式（genre de vie）や、行動様式つまり「行儀・作法」のことにもなります。もちろん、文芸などの形式、いわゆるジャンルの意味もあります。sorteにも「やり方・流儀」の意味はありますが、これはもっぱら成句表現の中に現れます。例えばde la sorteあるいはde cette sorte（そんな風に・こんなやり方で）という形で、よくない流儀を注意、非難する際に使うものや、〈de (telle) sorte que + 節〉で、節の中の動詞が直説法なら「その結果～だ」という結果を、接続法なら「～するように」という目的を表すものがあります。またune sorte de ～（ある種の～）という表現もよく使います。

　typeは種類というより「類型・型」で、人に関しては「アジア系」（type asiatique）のように人種をいう場合が多く、形容詞をつけたsale type（いやなやつ）などはかなりくだけたいい方です。日本語で異性の好みという意味での「タイプ」はgenreのほうが近く、「私のタイプ」というのはmon typeともmon genreともいえますが、mon typeのほうが口語的です。typeをものについて使えば製品などの「型式・モデル」で、「代表的な型」つまり「典型・見本」の意味にも使います。

[方法・やり方]

- **la façon** [fasɔ̃] f やり方・流儀；仕立て・作り
- **la manière** [manjɛːr] f 仕方・方法

＊「やり方・方法」という意味ではこの2語はほとんど同じように使えます。決まったいい回しでも「こんな風に・そのように」は de cette façon とも de cette manière ともいい、「〜をまねて・〜の流儀で」は à la façon de 〜 も à la manière de 〜 も使えます。また複数で「態度・物腰」の意味になる点も同じです。

それぞれに固有の用法としては、manière は à la manière に地名の形容詞をつけて「〜風に・〜式に」といういい方ができ、à la manière chinoise（中華風）のように料理の様式をいう場合によく使います。これは manière を略して à la chinoise ということもできます。

façon はもともと faire に対応する名詞なので「作り方」、特に服の仕立てやデザインという意味があります。

[部分・断片]

- **le morceau** [mɔrso] m 断片・部分；ひと切れ
- **la pièce** [pjɛs] f 部分・1個；部屋；硬貨；戯曲

＊どちらも「小さなひとかけら」の意味ですが、morceau は特に食べものの一片、ひと切れを指すことが多いのです。これはこの語が mordre（噛む）と関係があるためで、英語の bit と同様、食べものをひとかじりした量という意味だったためです。食べもの以外にも文芸作品の「一部・抜粋」や楽曲の「一節・小品」を指します。

pièce は「一部」という意味でよりも、さまざまな具体的なものを指して日常的に使われる語です。その第一は1つの「部屋」で、台所と浴室、トイレ以外の部屋はすべて pièce と呼べます。「部屋」は chambre だと思い込んでいる人が多いのですが、chambre は「寝室」のことで、ほかの用途を兼ねていても寝室として利用しない部屋は chambre とはいいません。だからホテルの部屋はすべて chambre なのです。第二には硬貨の意味で使うことが多く、これは pièce de monnaie の略です。第三は文芸や音楽の一編の作品、とりわけ「戯曲」(pièce de théâtre) を指します。もちろん、単独で機械の「部品・パーツ」なども意味しますが、「部分・一個」としては〈une pièce de + 無冠詞名詞〉で、「〜の1つ（1個、1枚、ひとかけらなど）」として使うことが多いでしょう。

[半分]

- **le demi** [d(ə)mi] m 2分の1；グラス1杯の生ビール
- **la moitié** [mwatje] f 半分

＊demiは本来形容詞で、〈demi- + 名詞〉または〈名詞 et demi(e)〉の形で使います。名詞の前につくときは不変化で、demi-heure（30分）のように使い、〈名詞 et demi(e)〉のときのdemiは名詞の性に一致するのでcinq heures et demie（5時半）となります。このdemieが名詞化して「30分過ぎ・半」という女性名詞にもなりますが、男性名詞のdemiは数値としての2分の1のことで、3と2分の1ならtrois et demiです。しかしこの男性名詞demiは、日常的には「グラス1杯の生ビール」を指し、《Un demi, s'il vous plaît.》（生ビール1つ）のように注文します。これはかつて半リットル入りの大きなグラスだったためですが、現在では4分の1リットルです。

　数値としての2分の1以外は、「半分」はmoitiéを使います。「～の半分」（la moitié de ～）という表現は、「1年の前半」（la première moitié de l'année）のようにdeの後が単数名詞の場合と、「生徒たちの半数」（la moitié des élèves）のように複数名詞の場合があるわけですが、複数のときの動詞はmoitiéに一致して単数でも、実際の主語に一致して複数でもよいのです。したがって、「生徒たちの半数がその試験を受けた」は《La moitié des élèves a passé（またはont passé）l'examen.》となります。

[音]

- **le son** [sɔ̃] m 音・響き
- **le bruit** [bʁɥi] m 音・物音；騒音・雑音；うわさ

＊sonはどちらかというと音の物理的な面や音響を意味し、「録音」（prise de son）や「音速」（vitesse de son）などというときに使います。bruitは話し声などをはじめ、生活の中で感じるさまざまな音で、音楽的な音は含まず、大きくなれば雑音、騒音と感じるものを指すのがふつうです。また比喩的に「騒ぎ」「うわさ」の意味でも使い、faire du bruitは文字通り「音を立てる・騒ぐ」のほか「話題になる・反響を呼ぶ」という意味にもなります。

[数字・番号]

- **le chiffre** [ʃifr] m 数字；桁；総額
- **le numéro** [nymero] m 番号・号

* 抽象的な概念としての「数」がnombreであるのに対し、chiffreは書かれた数字で、「アラビア数字（1, 2, 3 ...）」(chiffres arabes)、「ローマ数字（Ⅰ, Ⅱ, Ⅲ ...）」(chiffres romains) といった数の表記方法でもあります。また、数字で表された総額も意味し、「総売り上げ」はchiffre d'affairesです。

numéroは「何番」「何号」という番号で、電話番号（numéro de téléphone）や口座番号（numéro de compte bancaire）というときに使います（ただし「暗証番号」はchiffre）。また雑誌などの「号」もnuméroで、「最新号」はdernier numéroです。数字を使って「何番」「何号」というときはnºあるいはNºと略し、nº 3などと書きます。

numéroとnombreは同じラテン語numerus（数）から分かれて（numéroはイタリア語経由で）できた語です。ちなみにchiffreはサンスクリット語の「無」を意味する語がアラビア語を経てラテン語に入ったzephirumがもとですが、これはイタリア語のzeroを経てフランス語に入りzéroとなりました。つまり「数字」と「ゼロ」はもとは1つで、chiffreとはゼロを用いた位取りで表記される数字という意味だったのです。

[結果]

- **le résultat** [rezylta] m 結果；成果；解答
- **la conséquence** [kõsekɑ̃ːs] f 結果・帰結；(多くは複数で) 結末
- **la suite** [sɥit] f 続き；結果

* résultatとconséquenceはどちらもある原因に対する結果で、résultatはより一般的でよいことにも悪いことにも使います。努力の結果としての「成果」や、特に複数で「成績」の意味で使うことも多く、計算の結果なら「解答・答え」になります。conséquenceはどちらかというとよくない結果、不幸な結末・顛末を指し、複数で使うことが多いようです。suiteは因果関係ではなく時間的な前後関係の中で、あることに続くものという意味の「結果」です。「続き」の意味ではpar la suite（その後）、tout de suite（すぐに）といった表現の中でもよく使われます。また、高級ホテルのいわゆる「スイートルーム」もsuiteで、これはひと続きの広い部屋ということであって、「甘い」部屋ではありません。

形容詞・副詞編

[大きい・小さい]

- **grand, e** [grɑ̃, grɑ̃:d] 形 (寸法が) 大きい；偉大な；大人の
- **gros, se** [gro, gro:s] 形 大きい・太い・厚い；大量の；粗雑な
- **petit, e** [p(ə)ti, -tit] 形 (寸法が) 小さい；幼い；価値がない

＊日本語で「大きい」というと立体的なイメージがありますが、grandはある1つの尺度で見てその数値が大きいときに使います。したがって、寸法なら「長い」、面積なら「広い」と訳すべきで、《Il est grand.》は「彼は背が高い」となり、grand nezは「高い鼻」であって「大きい鼻」ではありません。フランス語では鼻は「高い」(haut) とはいわず、「長い」(grandまたはlong) といいます。《C'est grand, ici.》というのは「ここは広い」ということで、grande maisonも敷地面積の広い家であり、必ずしも「大邸宅」ではありません。それに対しgrosは立体的な大きさを示すので、grosse maisonなら「大邸宅」です。そして人間なら「太った人」であり、鼻なら「大きい」、本なら「厚い」ことになります。grosは量や程度がはなはだしい場合にも使い、「大雨」(grosse pluie) や「大雪」(grosse neige)、または金額や被害が大きいことも表現できます。ついでに悪い意味で使うと「粗野な」「下品な」となることも覚えておきましょう。

　grandは物理的な大きさ以外に程度の大きさ、社会的な重要性なども表します (un homme grand [背の高い人] と un grand homme [偉人] の違いはご存じだと思います)。また子供についていうと「成長した、大人になった」という意味で、《Tu es grand maintenant.》は単に身体的に大きいというのではなく、「もう大きいんだから、お兄ちゃんなんだから」と言っているわけです。《Il est devenu grand.》も「彼は成長した、(精神的に) 大人になった」ということで、「彼は背が伸びた」といいたければgrandirを使い《Il a grandi.》といいます。

　petitはgrandで表すことの反対で、寸法、年齢、規模、価値などが小さいことですが、愛情や親しみをこめて「可愛い・すてきな」の意味でも使います。

▸ **Il a un grand nez.** (彼は鼻が高い)
▸ **Il a un gros nez.** (彼は鼻が大きい)
▸ **Ces gants sont un peu petits.**
(この手袋は少し小さい)

[強い]

- **fort, *e*** [fɔːr, fɔrt] 形 強い・丈夫な；秀でた・得意な
- **solide** [sɔlid] 形 丈夫な・頑丈な；堅固な

＊fortはforce（力）がある、力強い、ということを基本とし、身体やものが「丈夫な・頑丈な」、光や風、刺激などが「強い」、スポーツや学科のある分野に「強い・得意な」、数量や声などが「大きい」といった意味の広がりを持ちます。一方、solideは材質、性質が堅固な、しっかりした、という意味での「強い」で、人については「丈夫な・頑健な」、または精神面が「堅実な」、ものについては「丈夫で長持ちする」、知識や議論、信念や友情などの「基礎がしっかりした、揺るぎない」といった意味です。

▶ **Le vent est fort aujourd'hui.** （今日は風が強い）
▶ **Il n'a pas un estomac solide.** （彼は胃が強くない）

[新しい]

- **neuf, *ve*** [nœf, nœːv] 形 新しい・新品の
- **nouveau (nouvel), nouvelle** [nuvo (nuvɛl), nuvɛl]
  形 新たな・初めての

＊どちらも「新しい」という形容詞ですが、neufは「できたばかりの」「まだ使っていない」という意味の新しさで、nouveauは「以前のものと違う」「今度現れた」という新しさです。したがって、une maison neuveは「新築の家」、une nouvelle maisonは「今度の家」、つまり今までのところから移って今度住む（住んでいる）家で、新築でも中古でもよいのです。さらにnouveauは名詞の前か後かでも意味の違いが出ます。名詞の前では「今度の」、名詞の後では「最新の」という感じが強く、nouveau systèmeは「今度の（新しく採用する）システム」、système nouveauは「新システム」つまり新しく開発されたシステムのことです。

▶ **Sa nouvelle maison n'est pas neuve.**
（彼の今度の家は新築ではない）

[広い・狭い]

- □ **large** [larʒ] 形 幅の広い・(衣服が) ゆったりした；寛大な
- □ **vaste** [vast] 形 広い・広大な
- □ **étroit, e** [etrwa, etrwat] 形 幅が狭い・窮屈な；偏狭な；密接な

＊英語のlargeは面積や容積が大きいという意味で広く使いますが、フランス語のlargeは「横に広い・幅のある」が基本的な意味で、英語のwideに近いのです。「大きい」と訳せる場合もありますが、それは主に服や靴についてサイズに余裕がありゆったりしていることです。比喩的には「心や視野が広い」「寛大な」、あるいは「気前がよい」という意味でも使います。

vasteは面積が「広い」ことで多くは名詞の前につき、grandを強めた「広大な・広々とした」という少し硬い感じの語です。面積以外では「該博な知識」(vastes connaissances)、「壮大な志・大志」(vastes ambitions) など特定の表現で使います。

étroitは「幅が狭い」ことで、largeの反対です。面積が狭い、つまりvasteや広さについてのgrandの反対はpetitです。したがって、largeを使った表現の反対はだいたいétroitで表せます。「幅が狭い」ことはもちろん、衣服などが「きつい・窮屈な (この意味にはserréも使います)」、考え・視野が「狭い・偏狭な」ことにも使います。ただしlargeと対になっていない意味で、関係が「密接な・親密な」、友情などが「固く結ばれた」というものもあります。

▶ **Cette rue n'est pas très large.**（この通りはそんなに広くない）
▶ **Il y a un vaste espace derrière sa maison.**
（彼の家の裏には広い空き地がある）
▶ **Ces chaussures sont trop étroites pour moi.**
（この靴は私にはきつすぎる）

第2章 「意味と用法」で覚える

[重い]

- **lourd, e** [luːr, lurd] 形 重い・重量がある；重大な；鈍い
- **grave** [graːv] 形 重大な・深刻な；まじめな；(音が) 低い

＊lourdは重量があるという意味の「重い」で、それが身体や頭が「重く感じる」ことも表すのは日本語と同じです。そして責任や負担などが「重い」こと、過失などが「重大な」ことにも使い、この意味のときは名詞の前に置きます。また重いものは動きが鈍いということで、動作がのろい、頭の働きが鈍いといったことにも使います。
　graveは事態や病気などが「重大な」「深刻な」こと、人については態度が「重々しい」、「まじめな」ことを意味します。また音程が「低い」ことにも使い、note graveは「低音」、voix graveは「低い声」です。

▶ **Sa maladie est grave.** (彼の病気は重い)
▶ **Je me sens les jambes lourdes.** (私は足が重い)

[静かな]

- **calme** [kalm] 形 静かな；落ち着いた
- **tranquille** [trɑ̃kil] 形 静かな；おとなしい

＊どちらも音がしない静かな状態と、精神的に穏やかでもの静かなことの両方を意味しますが、人に関しては、calmeは精神状態が安定していること、tranquilleは騒がしくないことを示す場合が多いようです。

▶ **Reste calme.** (冷静になりなさい〈落ち着きなさい〉)
▶ **Reste tranquille.** (〈子供に〉騒がないで静かにしなさい)

[清潔な]

- **propre** [prɔpr] 形 清潔な・きれいな；自分自身の・固有の
- **net, te** [nɛt] 形 はっきりした・明確な；きれいな・清潔な

＊どちらも「きれいな・清潔な」という意味を持っていて、現在その違いは感じられないかもしれませんが、もとをたどればpropreは「固有の・本来の」から「本来あるべき・適切な」、さらに「その場にふさわしい・きちんとした」へと意味が移ったもので、服装や手などが汚れていないこと、行動や方法が清廉であることを指すようになりました。もちろん、現

在も「自分自身の・固有の」や「適切な・ふさわしい」という意味もあり、「〜に固有の・〜にふさわしい」はpropre à 〜となります。
　一方、netは「光り輝く」という語から出発したのですが、今はこの意味は失われました。現在は汚れがなく光り輝くことから「きれいな・清潔な」と、輝きを遮る邪魔なものがないことから「はっきりした・明確な」の 2 つが意味の中心です。また、邪魔なもの、余計なものがないことから値段や量が「正味の」ということにもなり、poids net は「正味の重さ」、salaire net は税額などを除いた「手取りの給料」です。

▶ **J'ai ma propre idée sur la question.**
（その問題については私なりの意見があります）
▶ **J'ai des idées nettes sur la question.**
（その問題についてははっきりとした意見を持っています）

[やせた]

□ **maigre** [mεgr] 形 やせた；（名詞の前で）貧弱な・乏しい
□ **mince** [mε̃:s] 形 薄い；ほっそりした；わずかな

＊和仏辞典で「やせた」をひくとmaigreとありますが、これは「ガリガリにやせこけた」「げっそりやつれた」という意味にも取れ、相手の体形をほめるつもりで使わないほうがよいでしょう。特に名詞の前では「貧弱な・乏しい」という意味になります。「すらっとした」「体形がスマートな」といいたければminceというべきです。これは「薄い・細い」という意味ですが、人に使うと「ほっそりした」という感じが出ます。ただし、ものについては「わずかな」「取るに足りぬ」という意味にもなります。そこで間投詞として使い《Mince!》というと、「つまらぬことになった」ということから、「ちぇっ！」「もうっ！」といった落胆やいらだちを表します。

▶ **Il est trop maigre pour sa taille.**
（彼は身長のわりにやせすぎだ）
▶ **Il a la taille mince.**
（彼はほっそりしている）

[世界の]

- **mondial, e** [mɔ̃djal] 形 世界の・世界的
- **global, e** [glɔbal] 形 全体の；総合的

＊日本語で「グローバルな」というときは「世界的な」の意味で使うことが多いでしょうから、フランス語ではmondialに当たります。フランス語のglobalは「全体の」あるいは「総合的・包括的な」という意味で、「世界的な」という意味ではないのです。したがって、名詞のglobalisationも本来は「全体化・包括」ということなのですが、最近は英語の影響で「グローバリゼーションの時代」（l'époque de la globalisation）などともいうようです。本当はこれもmondialisationというべきでしょうが、あまり抵抗がなくなってきているようで、その結果globalも「世界的な」という意味で使うこともあるようです。

▸ **C'est une question mondiale.**（これは世界的な問題だ）
▸ **C'est une vision globale.**（これが総合的な見通しです）

[速い・早く]

- **rapide** [rapid] 形 速い・迅速な
- **tôt** [to] 副 早く；朝早く

＊まずrapideは形容詞でありtôtは副詞であるという品詞の違いがあります。そして意味の上ではrapideが動作やスピードの速さをいい、tôtは時間が早いことをいうのです。したがって、「いつもより早く」（plus tôt que d'habitude）、「1時間早く」（une heure plus tôt）など、基準となる時間・時期よりも「早く」の意味で使うことが多いのですが、基準点なしで「朝早い時間に・早朝に」の意味で使うこともできます。

▸ **Il est rapide dans son travail.**（彼は仕事が速い）
▸ **Il se couche tôt.**（彼は夜早く寝る）

[遅い・遅く]

- **lent, e** [lɑ̃, lɑ̃:t] 形 遅い・のろい
- **tard** [ta:r] 副 遅く・遅れて；夜遅く

＊rapideとtôtの関係はそのままlentとtardに当てはまります。すな

わち lent は形容詞、tard は副詞であり、lent が動作やスピードが遅いことを、tard は時間が遅いことを示します。tard が基準の時間より遅いこと、または夜遅い時間であることに使う点も tôt の場合と同じです。ただし「遅れている・遅刻している」状態は名詞 retard（遅れ）を使って être en retard と表現します。

　tôt や tard を用いた慣用句としては tôt ou tard（遅かれ早かれ・早晩）、le plus tôt possible（できるだけ早く）、au plus tard（遅くとも）などを知っておくとよいでしょう。

▸ **Il est lent à se décider.**（彼は決断が遅い）
▸ **Tu sors si tard la nuit?**（こんな夜遅く出かけるの？）

《関連語》
☐ **le retard** [r(ə)taːr] m 遅れ・遅刻；遅延

[近い]

☐ **proche** [prɔʃ] 形 近い
☐ **prochain, e** [prɔʃɛ̃, -ʃɛn] 形 次の・今度の

＊proche は空間的・時間的に「近い」「近接した」ことを示し、転じて関係性が「近い」ことにも使います。la gare la plus proche は「最寄り駅」、un ami proche は「近しい（親しい）友人」です。

　prochain は時系列の中で「一番近い」「次に来る」ものを示し、「来週」（la semaine prochaine）、「来月」（le mois prochain）、「来年」（l'année prochaine）などが典型的な使い方です。これは現在を基点とした表現で、過去や未来を基点に「次の週（翌週）」などというときは suivant を使い la semaine suivante といいます。また prochain を空間的に用い「次の駅」（la prochaine station）などともいいますが、これは移動が前提になっていて、やはり時系列の中で「次に着く駅」なのです。

▸ **La gare est toute proche.**（駅はすぐ近くです）
▸ **Je descends à la prochaine gare.**（私は次の駅で降ります）

前置詞・接続詞編

[〜に・〜の中に]

- **dans** [dɑ̃] 前 〜の中に；〜後に
- **en** [ɑ̃] 前 〜の中に；〜かかって
- **chez** [ʃe] 前 〜の家に；〜の中に

＊空間的な表現としてはdansとenはともに「〜に・〜の中に」を意味します。ただしenは無冠詞名詞とともに使うのがふつうで、固有名詞であってもen France（フランスに）のようにいいます。また無冠詞表現は成句を作ることも多く、en classeは「授業中」であることを指し、空間的に教室の中にいることをいうdans une classeと区別します。また時間的用法ではこの2語は意味が大きく異なり、dans + 時間は「〜後に」を、en + 時間は「〜かかって」という所要時間を表し、dans deux heuresは「2時間後」、en deux heuresは「2時間かかって」です。

chezはもっぱら「ある人の家に」を意味し、「〜の家」全体が名詞のように扱われて《C'est loin de chez moi.》（私の家からは遠い）のように、chezの前に前置詞がつくこともあります。また家ではなく店名や会社名として使われることもあり、レストランの名前などによく見かけます。ほかに「〜の中にあっては」を意味することもあり、chez les jeunes（若者の間では）やchez nous（われわれ［の国］においては）などというときに使えます。

▶ **Elle est entrée dans la classe.**（彼女はその教室へ入っていった）
▶ **Elle n'est pas allée en classe hier.**
（彼女は昨日、授業に出なかった）

[〜の前に]

- **avant** [avɑ̃] 前 〜の前に；〜より先に
- **devant** [d(ə)vɑ̃] 前 〜の前に・前で；〜の前方へ・前方を

＊基本的にはavantが時間的、devantが空間的に用いられます。avant dix heuresは「10時前に」で、

▶ **Il est arrivé avant moi.**

も時間的に「彼は私よりも前に着いた」ということです。ただしavantが空間的に使われることもありますが、その場合は「〜の手前で（に）」の意味で、avant le feu（信号の手前で）などといいます。実はこれも時間の経過が前提で、「信号に到達するよりも前の時点に」ということなのです。それに対しdevantは空間的に人やものの前に、ということです。特に人の前というのは、「誰々の目の前で、誰々のいるところで」の意味にもなり、《Regarde devant toi.》（前を見なさい）のように「前方に（へ・を）」というときにも使います。

また、いずれも副詞や名詞としても使い、

▸ **Passez devant.**

なら「お先にお通りください」です。副詞のavantはen avant（前に・先に）の形でよく使われます。

[〜の後に]

□ **après** [aprɛ] 前 〜の後で・〜の次に
□ **derrière** [dɛrjɛ(ː)r] 前 〜の後ろに

＊avantとdevantの関係と同様の違いがaprèsとderrièreの間にもあります。すなわちaprèsは時間的に、derrièreは空間的に使うのが原則です。aprèsを空間的に使うときはavantと同じく時間の経過があり、

▸ **Ma maison est après la poste.**（私の家は郵便局の先です）

は郵便局を過ぎると次に私の家が現れる、ということで、単に空間的な

▸ **Ma maison est derrière la poste.**（私の家は郵便局の裏です）

との違いに注意が必要です。またavantやdevant同様、副詞、名詞の用法もあることのほか、d'après 〜（〜によると・〜に基づいて）という前置詞句も知っておきましょう。derrièreは副詞としてより名詞として「後ろ・裏」の意味でよく使います。特に建物の裏側、裏手などをいいますが、乗り物の後部、例えば車の後部座席などはarrièreといいます。このarrièreはen arrière（後ろに）という副詞句を作り、

▸ **Il a regardé en arrière.**（彼は後ろを振り返った）

などと使います。これは比喩的に「過去を振り返る」意味にもなります。

《関連語》

□ **l'arrière** [arjɛːr] f （乗り物の）後方・後部；（スポーツの）後衛

[〜から・〜まで]

□ **depuis** [dəpɥi] 前 〜から・〜以来
□ **jusque** [ʒysk] 前 〜まで

＊いずれも時間、空間の両方について使えますが、やはり時間的に用いる場合が多いでしょう。注意点としては、depuisは「過去のある時点から」を意味することで、未来のある時点からというときはà partir deを使います。日常的に耳にするdepuis quand（いつから）もdepuis longtemps（ずっと以前から）もすべて過去についてです。

jusqueは前置詞と組み合わせて使うことがほとんどで、たいていはjusqu'àの形で出てきます。「パリから東京まで」はdepuis Paris jusqu'à Tokyo、「朝から晩まで」ならdepuis le matin jusqu'au soir（あるいはdu matin jusqu'au soir）です。

接続詞句としてはそれぞれdepuis que（〜して以来）、jusqu'à ce que（〜するまで）を使います。jusqu'à ce queの後は接続法です。

▶ **Il travaille depuis le matin jusqu'au soir.**
（彼は朝から晩まで働いている）

[〜の間に・中に]

□ **entre** [ɑ̃tr] 前 〜の間に・間で
□ **parmi** [parmi] 前 〜の中に・中で

＊基本的にはentreが2つのものの「間に」、parmiが3つ以上のものの「中に」を表します。したがって、entreは〈entre A et B〉または〈entre (ces) deux 〜〉の形で使われることが多く、それ以外の場合もentre les mains（両手の間）やentre les lignes（行と行の間・行間）のように2つのものが前提です。それに対しparmiは〈parmi + 複数名詞〉、または《parmi la foule》（群衆の中で）のように〈parmi + 集合名詞〉の形になるのが原則です。そしてentreは

▶ **Il habite entre Paris et Rouen.**
（彼はパリとルアンの間に住んでいる）

のような空間的用法と、

▶ **Il arrivera entre dix et onze heures.**
（彼は10時と11時の間に着くだろう）

のような時間的用法がありますが、parmiには時間的用法がありません。
　entreを使った成句としてはentre autres（中でも・とりわけ）がよく用いられます。

[とりわけ・中でも]

☐ **notamment** [nɔtamã] 副 **とりわけ・中でも**
☐ **surtout** [syrtu] 副 **何よりも・とりわけ；くれぐれも**

＊辞書の訳語を見る限り、この２語の違いがあまり感じられないかもしれませんが、微妙な違いがあります。notammentは上で見たentre autresとほぼ同じで、いくつかの例や、前提となる枠組みを提示して、「その中でも特に」の意味です。例えば

▶ **J'aime le sport, notamment le tennis.**
（私はスポーツが好きです、中でもテニスが）

のように使います。surtoutも同様の使い方ができ、今の文のnotammentはsurtoutで置き換えることが可能です。しかしsurtoutは必ずしも前提を必要とせず、「ほかはともかく何よりも」という強調を示すことができます。特に文頭では「くれぐれも・絶対に」と訳したほうがよく、

▶ **Surtout, n'oubliez pas de lui apporter ce dossier.**
（くれぐれもこの書類を彼に届けるのを忘れないでください）

のように使えます。

[およそ・ほぼ]

□ **environ** [ɑ̃virɔ̃] 副 およそ・約
□ **presque** [prɛsk] 副 ほとんど・ほぼ

＊どちらも「ある数に近い」ことを示す副詞として使えますが、実はちょっとした違いがあります。environは複数名詞でles environsとすると「周辺・近郊」の意味になることでも分かるように、「その近く・付近」のことで、

▶ **Il y avait environ dix personnes.**（およそ10人の人がいた）

は9人でも11人でもよいのです。この意味ではà peu près（すぐ近く→およそ・ほとんど）も同じです。一方、presqueは「そのすぐそばまで接近している」ことで、

▶ **Il y avait presque dix personnes.**（もう少しで10人になる）

は、つまり9人以下の場合に使うのです。
　ところでpresqu'îleという語をご存じでしょうか。これは小さな「半島」を意味するのですが、îleはもちろん「島」で、presqu'îleはほとんど島、つまり大陸から切れてしまえば完全な「島」だが一部がつながっているから「半島」というわけです。大きな半島を意味するふつうの語はpéninsuleですが、これはラテン語のpaeninsulaがもとで、実はこれもpaene（ほとんど）＋ insula（島）なので、成り立ちは同じなのです。

[～のように]

□ **comme** [kɔm] 接 ～のように・～として；～なので
□ **ainsi** [ɛ̃si] 副 そのように；そうすれば

＊commeは本来接続詞で、後ろには節が続き、comme vous voulez（あなたの望むように、あなたが好きなように）というときや、理由や時を示すときにも使い、《Comme il fait beau, je sors.》（天気がいいので外出します）のようにいいます。またcommeに続く文の成分が省略され、副詞や前置詞のようにも使われます。「彼は父親同様背が高い」《Il est grand comme son père.》は、「父親が背が高いのと同様に」ということです。また、無冠詞の名詞とともに使うと「～として」という意味になり、レストランで《Qu'est-ce que vous avez comme dessert?》（デザート［として］は何がありますか？）と聞くときなどに使います。成句としてのcomme ça (comme cela)（そのように・こんなふうに）は、

日常最もよく使うものの1つです。これは副詞のainsiとほぼ同じ意味で、「こんなふうにしてごらんなさい」は次のどちらのいい方も可能です。

▶ **Faites comme ça.**
▶ **Faites ainsi.**

　逆に、このainsiはainsi queの形で、「〜と同様・〜のように」という接続詞や前置詞のような使い方ができるのです。したがって、comme je l'ai dit（私が言ったように）はainsi que je l'ai ditともいえます。
　そのほか副詞のainsiは2つの文をつないで、「そうすれば・そういうわけで」という使い方もあります。《Lisez ce livre, ainsi vous vous rendrez compte.》は「この本を読んでごらんなさい、そうすれば分かりますよ」ということです。

[〜なので]

□ **parce que** [pars kə] 接句 〜なので・なぜなら
□ **puisque** [pɥisk] 接 〜なので・〜である以上
□ **car** [kaːr] 接 というのは〜（だから）

　＊いずれも原因・理由を表すものですが、parce queはpourquoi（なぜ）に対する答えとして用いられることでも分かるように、相手の知らない理由を説明するのに使います。それに対しpuisqueは原因ー結果の因果関係がはっきりしている場合に使うもので、論理的根拠が明確であるか、相手がその原因を知っていることが前提となります。

▶ **Puisqu'il pleut, je ne veux pas sortir.**
（雨が降っているから外出したくない）

などがその例です。
　carは因果関係の説明というより、直前の文の補強という感じです。parce queを使って

▶ **Il ne vient pas parce qu'il est malade.**

というと「彼が来ないのは病気だからだ」という原因と結果の結びつきを示すのに対して、

▶ **Il ne vient pas, car il est malade.**
（彼は来ませんよ、というのは病気だからです）

は、彼が来ないという情報を伝えることが発話の中心なのです。

第2部 「使い方」に注目する

❶ 助動詞的に使われる動詞

　フランス語の動詞の中には、他の動詞に何らかの意味（意思、可能性、義務など）を添える役目をするものがいくつかあります。それらはavoirやêtreなどの助動詞と区別して準助動詞と呼ばれることがありますが、いずれも意味の中心となる動詞を不定形にして続ければよいので、用法は難しくありません。ただし活用は不規則なものも多いので、しっかり覚える必要があります。また、通常は助動詞としては分類されないものでも、動詞の不定形とともに使うものをここでまとめておきましょう。

CD1・Track 20

☐ **pouvoir** [puvwaːr] 動 〜できる；〜してよい；〜かもしれない

＊日本語にすると上の３つの意味はかなり違うようですが、根本的には「可能性がある」ということで、「可能」の部分が強く出れば「できる」ことを意味し、同時に「入ることができますか？」つまり「入ってもよろしいですか？」《Puis-je entrer?》といった許可を表す表現にもなります。そして「可能性」が強く出ると「〜かもしれない」という推測を表します。

▶ **Le temps peut changer.**（天気が変わるかもしれない）

☐ **vouloir** [vulwaːr] 動 〜がほしい；〜を望む；〜したい

＊vouloirは他動詞として「〜がほしい」「〜を望む」という使い方もできます。特に《Voulez-vous du café?》（コーヒーをいかがですか）と勧めるときや、《Je voudrais un kilo de tomates.》（トマトを１キロください←ほしいのですが）という買い物での表現でよく使われます。しかし、それ以上にvouloir + inf.の形は重要で、「〜したい」という願望を表すのはもちろん、

▶ **Voulez-vous fermer la fenêtre?**（窓を閉めていただけますか？）

という依頼も表現できます。この場合Voulez-vous 〜を条件法のVoudriez-vous 〜にすればさらに丁寧な依頼となります。また、Veuillez + inf.で「どうぞ〜してください」といういい方もできます。

▶ **Veuillez vous asseoir.**（どうぞお掛けください）

☐ falloir [falwaːr] 動 必要である；～しなければならない

＊この動詞は非人称で、ilに対する活用のみを持ちます。《Il faut deux heures pour y aller.》(そこへ行くのには2時間かかる) や《Il te faut de l'argent?》(お金が必要なの？) のように〈il faut + 名詞〉という形でも使えますが、〈il faut + inf.〉や〈il faut que + 節〉はそれ以上によく使います。この場合que以下の節では動詞は接続法です。また不定形の主体を明示するのにはà qn.となり、代名詞ならil me faut ～、il te faut ～などとなります。そして、il faut + inf.（またはque + 節）の否定形は「必要がない」ではなく「してはいけない」の意味であることも知っておかねばなりません。

　また、何かをしてくれた相手に「わざわざすみません」といいたいときは《Il ne fallait pas!》と半過去を使って表現します。これは動詞の不定形、またはそれを置き換えたleの省略で、「あなたがわざわざそれをしてはいけなかったのだ」ということです。

▶ **Vous m'avez attendu? Il ne fallait pas!**
（待っていてくれたんですか？　そんなことなさらなくても結構でしたのに）

☐ valoir [valwaːr] 動 価値がある

＊この動詞は自動詞で「～の価値・値打ちがある」という用法と、非人称でil vaut mieux + inf.（またはque + 節）で使われるのがふつうです。自動詞の場合は「AがB（という価値）と同等である・釣り合う」という構文なので、前置詞は使わず《Ce tableau vaut 5,000 euros.》(この絵の価値は5,000ユーロだ) のように使います。金銭的な価値以外にも努力などに「値する」「～に匹敵する」という意味で使いますが、動詞の不定形を使って「～することに値する」とはできず、その場合はvaloir la peine de inf.で「～するだけの価値はある」とします。非人称用法のil vaut mieux + inf.（またはque + 節）は「～するほうがよい」という意味です。

▶ **Il vaut mieux mettre de l'argent de côté.**
（貯金をしておいたほうがいいよ）

oser [oze] 動 あえて〜する・思いきって〜する

＊oserは他動詞に分類されますが、目的語に名詞を置くことはまずありません。ほとんどの場合、動詞の不定形を伴って使われます。ただし、動詞が代名詞のleで置き換えられることや、《Il faut oser!》（思いきってやってみな！）など動詞が省略された表現もありえます。

▶ **Il n'a pas osé dire la vérité.**
（彼には本当のことをいう勇気がなかった）

laisser [lɛse] 動 残す・置いていく；〜させておく

＊人やものをある場所に置いておく、そのままの状態で残しておく、という他動詞の用法が基本です。それは意図的に取っておく場合でもうっかり置き忘れる場合でもよく、誰か（à qn.）に直接目的のものをlaisserする、という場合、「委ねる・あずける」あるいは「与える・譲る」意味にもなります。

そして、このlaisserの重要な用法にいわゆる「放任」があり、faireを用いた「使役」と似た構文で使います。例えば「彼女は子供たちを庭で遊ばせた」は

▶ **Elle a laissé jouer les enfants dans le jardin.**

となりますが、構文上faireとは違う点があります。それはlaisserと動詞の不定形を離すこともできるということです。つまり今の文は《Elle a laissé les enfants jouer ...》でもよいのです。ただし、不定形が他動詞でその目的語があるときは、人を直接目的語にするのが普通で、

▶ **Elle a laissé les enfants regarder la télé.**
（彼女は子供たちにテレビを見せておいた）

という文は人を間接目的語にして《Elle a laissé regarder la télé aux enfants.》ともできますが、この構文はあまり好まれないようです。また、laisser faire（させておく）やlaisser tomber（落とす）のように固定した表現ではlaisserと不定形を離すことはできません。

❷ 前置詞に注意すべき動詞

　フランス語の動詞の使い方を知るためには、その動詞がどの前置詞とともに使われるかを知っておかなければなりません。例えばrenoncer（あきらめる）という動詞は目的語の前に前置詞àが必要です。日本語では「結婚をあきらめる」と他動詞のように使いますが、フランス語ではrenoncer au mariageとなり、「あきらめる」という意味だけ覚えていても使えないのです。この種の動詞は日本語の「てにをは」に惑わされずに前置詞と一緒に覚えるようにしましょう。また他動詞の場合も、ほかの動詞の不定形と結びつく際に使われる前置詞が決まっているので、それも知っておく必要があります。

CD1・Track 21

Ⅰ．前置詞àと結びつく動詞

□ **renoncer** [r(ə)nɔ̃se] 動 あきらめる・断念する；
　　　　　　　　　　　　　　　（習慣などを）やめる

　＊自動詞なので直接目的語を取ることはできません。「～をあきらめる」はrenoncer à ~で、「旅行をあきらめる」（renoncer à un voyage）や「たばこをやめる」（renoncer au tabac）のように使います。目的語ではなく動詞の不定形の場合もà + inf.で、代名詞で置き換えるとyになります。

▶ – Tu as renoncé à voyager?
　（旅行はあきらめたの？）
　– Non, je n'y ai jamais renoncé.
　（いや、決してあきらめたわけじゃない）

□ **commencer** [kɔmɑ̃se] 動 始める；始まる

　＊この動詞は自動詞と他動詞の両方の用法があり、自動詞としては授業やコンサートなどが何時に「始まる」という意味で使えます。他動詞としては「～を始める」と直接目的語を取りますが、動詞の不定形を使って「～し始める」というときは前置詞àを必要としてcommencer à manger（食べ始める）のようにいいます。もちろん「～（すること）から始める」の意味でcommencer par inf./qch.も可能です。

▶ Elle a commencé à lire cette lettre.
　（彼女はその手紙を読み始めた）

☐ réussir [reysiːr] 動 成功する

＊réussir un examen（試験に合格する）など、他動詞として使われる場合もありますが、動詞の不定形を使って「～することに成功する」というときはréussir à inf.となります。前置詞àを使って名詞と結びつくこともありますが、àの後に置かれる「もの」はexamenかtoutくらいで、à qn.の場合は「その人によい結果をもたらす」ということです。

▸ **Je n'ai pas réussi à la convaincre.**
（私は彼女を納得させられなかった）

☐ hésiter [ezite] 動 ためらう・躊躇する・迷う

＊この動詞は自動詞なので、直接目的語を取ることはありません。hésiter sur ～（～についてためらう）やhésiter entre A et B（AとBの間で迷う）などの表現がありますが、動詞の不定形とは前置詞àを介して結びつき、hésiter à inf.（～するのをためらう）となります。否定命令の形でもよく用いられます。

▸ **N'hésitez pas à nous téléphoner.**
（遠慮なく私どもにお電話ください）

☐ obliger [ɔbliʒe] 動 義務を負わせる・強制する

＊他動詞として人を目的語に取り、「～することを」という動詞の不定形または名詞はà + inf./qch.で置きます。「彼は仕事のためにパリを離れなければならない」なら

▸ **Son travail l'oblige à quitter Paris.**

つまり「仕事が彼にパリを離れることを強制している」と表現できます。

☐ pousser [puse] 動 押す；駆り立てる

＊何かを「押す」、比喩的には「推し進める・推進する」という他動詞ですが、人を目的語にし、前置詞àを使ってpousser qn. à ～とすると「人を～へ駆り立てる」の意味になります。

▸ **La pauvreté l'a poussé à ce crime.**

は「貧しさが彼をその犯罪へと駆り立てた」というわけです。à + inf.なら「～するように駆り立てる、仕向ける」となります。
　また、自動詞としては、植物や髪、歯などが「生える」「伸びる」の意味になります。

Ⅱ. 前置詞 de と結びつく動詞

CD1・Track 22

□ **dépendre** [depã:dr] 動 〜次第である・〜による；〜に依存する

＊dépendre de 〜で「〜次第だ」となり、「あなた次第です」《Cela dépend de vous.》や、

▶ **Tout dépend des circonstances.** （すべては状況による）

というように使います。de以下を省略した《Ça dépend.》（場合によります）といういい方も会話では便利で、はっきりとした返答を避けることができますが、あまりに多用すると《Ça dépend de quoi?》（何次第なんですか？）と聞き返されることもあるので覚悟しておきましょう。

□ **empêcher** [ãpeʃe] 動 妨げる・じゃまする

＊他動詞なので直接目的語を取り「〜を妨げる・じゃまする」という使い方をしますが、不定形と組み合わせて「人（またはもの）が〜するのを妨げる」というときにはempêcher qn. (qch.) de inf.となります。これは人が他人の行為を妨げるときにも使いますが、原因となるものを主語にした文もよく使います。例えば「彼は病気のために来られない」なら、病気が彼が来るのを妨げているので

▶ **Sa maladie l'empêche de venir.**

といえるわけです。

□ **offrir** [ɔfri:r] 動 贈る・提供する

＊ものを直接目的、贈る相手を間接目的にしてoffrir qch. à qn.の形で使うのが一般的ですが、「人に〜することを申し出る」というときはoffrir à qn. de inf.となります。

▶ **Je lui ai offert de venir chez moi.**
（私は彼［女］に家へ来てくださいと言った）

□ **oublier** [ublije] 動 忘れる・置き忘れる

＊他動詞としてoublier le nom de 〜（〜の名前を忘れる）、oublier son portable（携帯を置き忘れる）のように使えます。そして、「〜することを忘れる」はoublier de inf.で、「私はドアに鍵をかけ忘れた」なら

▶ **J'ai oublié de fermer la porte à clef.**

となります。

☐ presser [prɛse] 動 押しつける・圧力を加える・しぼる；せきたてる

＊触れたものに一定の圧力を加えて押す、押しつけるという他動詞で、「(呼び鈴などの) ボタンを押す」(presser un bouton) ことや「人を両腕で抱きしめる」(presser qn. dans ses bras) ことなどを表現できます。また果物などを「しぼる」ことにも使います。そして、人を目的語にして presser qn. de inf. とすると、「人をせきたてて～させる」という意味になります。

▶ **Il me presse de répondre.**（彼は私に返答するようせかしている）

そして、過去分詞の pressé は「しぼった」という意味もありますが、「急いでいる・急を要する」として使うほうが多いと思います。

☐ souffrir [sufriːr] 動 苦しむ

＊「苦しむ・具合が悪い」という自動詞ですが、「～(の痛み)で苦しむ」は前置詞 de を使い souffrir de ～ となります。souffrir de l'estomac（胃が痛い）や souffrir des dents（歯が痛い）のように痛む部位がくることが多いのですが、

▶ **Ils souffrent de la faim.**（彼らは飢えで苦しんでいる）

のような場合も使います。また、ものが主語になったときは「～の害を被る」ということです。

Ⅲ. 前置詞 à と de の両方と結びつく動詞　CD1・Track 23

☐ continuer [kɔ̃tinɥe] 動 続ける；続く

＊他動詞で「続ける」、自動詞で「続く」の両方の使い方があります。そして不定形を用いて「～し続ける」というときは、à と de のどちらも使えます。

▶ **Il a continué à parler.**
▶ **Il a continué de parler.**
（彼は話し続けた）

☐ éviter [evite] 動 避ける；～しないようにする；免れさせる

＊目的語に置かれたものを「避ける」という他動詞ですが、不定形と結びつき「～しないようにする」というときは éviter de inf. です。そして

「人に〜を免れさせる」(éviter qch. à qn.) という使い方もあります。

▶ **Elle voulait éviter des ennuis à ses parents.**
（彼女は両親に面倒をかけたくなかった）

☐ **jouer** [ʒwe] 動 遊ぶ・競技をする；演奏・演技をする；賭けをする

＊他動詞として目的語を取り、jouer dix euros sur un cheval（ある馬に10ユーロを賭ける）や jouer (le rôle d') Œdipe（オイディプス王［の役］を演じる）のようにいえます。そして、自動詞としては目的語なしで「遊ぶ」として使えますが、多くは「〜をして遊ぶ・（あるスポーツ）をする」の意味で jouer à 〜の形で用います。「トランプをして遊ぶ」は jouer aux cartes、「子供たちはサッカーをしている」なら

▶ **Les enfants jouent au foot(ball).**

です。そして楽器を「演奏する」というときは jouer de となり、「ピアノを弾く」は jouer du piano といいます。

☐ **manquer** [mɑ̃ke] 動 不足する；危うく〜する；逃す・欠席する

＊自動詞で何かが欠けていること、不足していることを表し、足りないものを主語にするか、非人称の il をたてて《Il manque du pain pour demain.》（明日のパンが足りない）のように使います。もちろん、「〜にとって足りない」は à qn./qch. で示すことができます。したがって、《Tu me manques beaucoup.》は「あなたが私にとても欠けている」ことですが、「あなたがいなくてとても寂しい」という意味です。

そしてもう1つの用法として manquer de 〜（〜が欠けている・足りない）という、de を使ったものがあり、《Il manque de patience.》（彼は忍耐が足りない）のようにいえます。この用法は特に否定形で「〜が不足してはいない」「かなりある」ことを表すのに用い、

▶ **Ce film ne manque pas d'intérêt.**

は「この映画はなかなかおもしろい」ということで、つまり「かなり〜がある」を婉曲に表現しているのです。また動詞の不定形とともに使うと、manquer de inf. は「危うく〜する」、否定形にすると「必ず〜する」「忘れずに〜する」の意味になることも知っておきましょう。

最後に他動詞としての用法を付け加えておくと、「ある場に居合わせない」ことから、manquer le train（電車を逃す・乗り遅れる）ことや manquer la réunion/l'école（集会、学校などに出席しない）という意味でよく使われます。

Ⅳ. 前置詞を使わずに目的語を取る動詞　CD1・Track 24

　直接目的語は「〜を」と訳せることが多いため、日本語で「〜に」「〜と」となる表現は間接目的語だと思い込んでàやavecなどの前置詞を使う間違いがよく見られます。日本語で「友人と出会う」といっても、フランス語のrencontrerは他動詞なので会う相手は直接目的でrencontrer un amiとなります。「動詞は前置詞に注意して使う」というのは「前置詞を使わない他動詞である」ことに注意する場合も含めてなのです。以下の動詞は日本語にすると「〜と」「〜に」などとなりますが、いずれも他動詞であることを知っておきましょう。

□ épouser [epuze] 動 結婚する；ぴったり合う

* se marierは前置詞avecを使って「〜と結婚する」となるのに対し、この動詞は他動詞なので

▶ **Elle épouse un collègue.**
（彼女は同僚の男性と結婚する）

というように用います。また服などが体の線に「ぴったり合う」ことや、考えや利害を「共有する」という意味もあります。

□ rencontrer [rɑ̃kɔ̃tre] 動 出会う・会う；対戦する

* 「〜と会う」も前置詞なしでrencontrer qn.です。会うのは偶然「出会う」のでも約束して「面会する」のでもよく、比喩的にある事態に「遭遇する・ぶつかる」ことも意味します。またスポーツで相手チームと「ぶつかる・対戦する」というときにも使います。名詞のrencontreもそれに対応して「出会い・遭遇」「会談・会見」「対戦」などの意味があります。

▶ **Son avis a rencontré une vive résistance de ses collègues.**
（彼の意見は同僚の強い反発に遭った）

☐ remercier [r(ə)mɛrsje] 動 感謝する

＊日本語では「〜に感謝する」ですが、フランス語はremercier qn.と直接目的になります。ただし「〜について誰かに感謝する」というときは前置詞deを使って

▶ **Je vous remercie d'être venu.**
（お越しいただきお礼申し上げます）

となります。この場合も人が直接目的で、deの後ろは動詞の不定形でも名詞でもよいのですが、具体的な名詞がくるとpourも使い、《Je vous remercie pour votre cadeau.》（プレゼントをありがとうございます）ということもあります。

☐ saluer [salɥe] 動 あいさつする

＊「〜にあいさつする」も他動詞で、あいさつをする相手が直接目的語です。saluer qn. de la mainとすると誰かに手を挙げて、あるいは手を振ってあいさつすることになります。また「歓迎して迎える」という意味もあります。

▶ **Le public l'a salué par des applaudissements.**
（観客は彼を拍手喝采で迎えた）

第2章 「意味と用法」で覚える

❸ 代名動詞

　フランス語には再帰代名詞をともなった動詞、いわゆる代名動詞がありますが、これには再帰代名詞がつかない形でも使われる動詞と、代名動詞の形しか存在しない動詞とがあります。前者の場合、もとの動詞が他動詞で、代名動詞はそれを自動詞化したものであることが多いのですが、中には意味や用法が変化するものもあります。

CD1・Track 25

□ s'appeler [saple] 代動 ～という名である

＊分解すれば、「自分を～という名で呼ぶ」といった感じになりますが、つまりは「～と称する」「～という名である」ということで、Je m'appelle ～は自己紹介のときの基本表現としておなじみのはずです。

▸ **Comment s'appelle cette fleur?**
（この花はなんという名前ですか？）

□ s'asseoir [saswa:r] 代動 座る

＊他動詞asseoir（座らせる）を自動詞化したもので、

▸ **Asseyez-vous.**（お座りください）

はその命令法です。ちなみにasseoirの活用はj'assieds、 tu assieds …の型とj'assois, tu assois …の型があるのですが、命令法では一般にj'assieds …の型が使われます。

□ se coucher [s(ə)kuʃe] 代動 寝る・横になる

＊coucherは「～を寝かせる」という他動詞で、ものを横にする・倒すという意味でも使います。se coucherは「自分を横にする」ことなので、「寝る」といっても「眠る」のではなく「床に就く」という動作を表します。「眠る」という行為を指すdormirと区別する必要があります。

▸ **Je me suis couché très tôt hier.**
（昨日私はとても早く床に就いた）

☐ s'inquiéter [sɛ̃kjete] 代動 心配する

＊inquiéter は「心配させる」という他動詞で、s'inquiéter は「心配する」です。心配する対象は前置詞 de ＋ 名詞、あるいは動詞の不定形で表します。不安を感じている相手に「心配しないで」という

▸ **Ne t'inquiète pas (Ne vous inquiétez pas).**

も覚えておきましょう。

☐ se promener [s(ə)prɔmne] 代動 散歩する

＊promener は人や動物を「散歩させる、連れ歩く」ということで、ときにはものを持って歩く、あるいは比喩的に視線や指などを移動させる、という意味でも使います。代名詞の se promener は自分が「散歩する」ことです。名詞形の promenade はいわゆる「プロムナード・遊歩道」の意味もありますが第一には「散歩」そのもので、「散歩する」は faire une promenade ともいえるのです。

▸ **Il se promène souvent sur la plage.**
（彼はよく海岸を散歩する）

☐ se réveiller [s(ə)revɛje] 代動 目覚める・起きる

＊réveiller は人を「目覚めさせる」ことで、「意識を回復させる」ことや感覚、気力などを「よみがえらせる」ことも意味します。代名動詞の se réveiller は「目覚める」「起きる」ことで、比喩的に「気力を取り戻す」「正気に戻る」ことにも使います。

▸ **Je dois me réveiller à six heures demain matin.**
（明日の朝は6時に起きなければならない）

☐ se tromper [s(ə)trɔ̃pe] 代動 間違える

＊この動詞は再帰代名詞のつかない tromper もよく使います。これは「だます・欺く」という他動詞ですが、代名動詞の se tromper はさらによく使い、「間違える・誤る」となります。se tromper de route は「道を間違える」、se tromper à son apparence なら「見た目にだまされる」ことです。

▸ **Vous vous trompez de chemin.**
（あなたは道を間違えていますよ）

☐ laver [lave] 動 洗う・洗濯する
se laver 代動 (自分の体や手足を) 洗う

＊laverは他動詞としてものを洗う、洗濯するという意味で使います。代名動詞se laverのseは、体のある部位を洗う場合は間接目的で、直接目的語には自分の体の洗う部位を定冠詞つきで置きます。「手を洗う」ならse laver les mainsで、所有形容詞を使ってses mainsなどとはいいません。それは再帰代名詞seが「自分の体において」であることをすでに示しているからです。

また、ものを主語にするといわゆる受動的用法になり、衣類などが「洗われる」、つまり「洗濯ができる」ことを意味します。

▶ **Les enfants se sont lavé les mains avant le déjeuner.**
（子供たちは昼食の前に手を洗った）

☐ lever [l(ə)ve] 動 上げる・持ち上げる；起こす
se lever 代動 起きる・立つ

＊他動詞leverはものを「持ち上げる」ことや、特に体のある部位を「上げる」ことをいいます。例えば「顔を上げる」(lever la tête) ときや、教室などで発言するために「指を上げる」(lever le doigt) ときに使います。フランスでは、発言するときに上げるのは指doigtで、lever la main（手を上げる）のは宣誓のときです。人を目的語にすると「起こす」となりますが、これは子供や病人の体を起こすことで、朝誰かを起こすのは前述のréveillerです。

したがって、代名動詞のse leverも「起き上がる」「起床する」ということで、「目が覚める」(se réveiller) とは区別します。もちろんただ単に「立ち上がる」ことも意味し、太陽や月が「昇る」、風が「起こる」といった自然現象にも使います。

▶ **Le vent s'est levé.** （風が吹き始めた）

☐ montrer [mɔ̃tre] 動 見せる・示す；表す；教える
se montrer 代動 姿を現す；(様子・態度を) 見せる

＊montrerは他動詞として何かを「見せる」「示す」ことが基本的な意味で、montrer qch. à qn.（人に何かを見せる・示す）というのが一般的な用法ですが、感情などを「表す」ことにも使います。

これが代名動詞se montrerになると自分の姿を見せる、つまり「現れる」ことが第一の意味ですが、属詞を伴って人が「そういう態度を示す」、

ものが「そういう様子をしている」という使い方があります。属詞が形容詞なら当然主語と性数が一致します。

▶ **Elle s'est montrée courageuse.**
（彼女は勇敢にふるまった）

☐ **sauver** [sove] 動 救う・助ける
se sauver 代動 逃げ出す

＊sauverは人や命を「救う・助ける」という他動詞ですが、代名動詞のse sauverは自分の身を救うことではなく、「逃げる」という行動を指します。「〜から逃げる」は前置詞deを使いse sauver de 〜です。また、口語表現ですが、「逃げるように立ち去る」「急いで帰る」という意味でも使います。会話で

▶ **Il faut que je me sauve.**

というと「逃げる必要がある」のではなく「もう帰らなくては」ということです。

☐ **se plaindre** [s(ə)plɛ̃:dr] 代動 不満・苦情をいう；(苦痛を)訴える

＊他動詞plaindreは「人を気の毒に思う、同情する」という意味ですが、代名動詞のse plaindreはde 〜について不満や苦情をいうことで、かなり違った意味になります。また苦痛のうめき声を上げることや、どこかが痛いと訴えることも表現します。

▶ **Ils se plaignent toujour de leur salaire.**
（彼らはいつも給料について不満を言っている）

☐ **se dépêcher** [s(ə)depɛʃe] 代動 急ぐ

＊再帰代名詞のつかないdépêcher（[人]を急いで派遣する）は今はあまり使われません。代名動詞のse dépêcher（急ぐ）だけを覚えておけば十分です。《Dépêchez-vous!》（急ぎなさい！）は日常会話で必ず耳にするはずです。「急いで〜する」はse dépêcher de + inf.です。

▶ **Dépêchons-nous de partir.**
（急いで出発しよう）

□ se souvenir [s(ə)suv(ə)niːr] 代動 思い出す・覚えている

＊この動詞はもっぱら代名動詞の形で使います。再帰代名詞のつかない souvenir は、il souvient à qn. de ～（または que ～）（誰々に～が思い出される）という非人称の構文で使われるだけです。se souvenir も前置詞 de + 名詞または inf. で「～を思い出す」「～を覚えている」となるか、que 以下の節の内容を思い出す、覚えている、という構文になります。

ちなみに男性名詞の souvenir は「記憶・思い出」の他に「思い出の品」、つまりお土産や記念品の意味もあります。

▶ **Je me souviens de cet incident.**（その出来事は覚えています）

□ se rappeler [s(ə)raple] 代動 思い出す・覚えている

＊rappeler は「呼び戻す」「電話しなおす」「（人に）思い出させる」などの意味がありますが、この最後の意味を自動詞化したものが se rappeler で、se souvenir と同様に「思い出す・覚えている」ということです。ただし、se souvenir と違って直接目的語を取るので、前置詞の de は使いません。例外は「誰かのことを覚えている」というときに、その人が人称代名詞で表される場合で、〈se rappeler de + 人称代名詞強勢形〉という形になります。

また、命令法で〈Rappelez-vous（または、Rappelle-toi）de + inf.〉は「忘れずに～しなさい」という意味です。

▶ **Je ne me rappelle plus cette histoire.**
（私はその話をもう覚えていない）
▶ **Tu te rappelles de lui?**（彼のことは覚えている？）

□ s'en aller [sɑ̃nale] 代動 立ち去る・出て行く；世を去る；消える

＊これはもちろん aller（行く）からできた代名動詞ですが、独立した別の動詞と考えてもよいでしょう。aller がある場所への移動を示すのに対して、s'en aller はある場所から動いてどこかへ行くという動作を示します。《Alors, je m'en vais.》は、「（いつまでもここにいないで）そろそろ行くよ、帰るよ」というときや、「さあ、もう出かけないと」というときに使いますが、どちらも今いる場所から動くことに力点があるわけです。命令の形の《Allez-vous-en!》や《Va-t'en!》は使う機会がなければそれに越したことはありませんが、口論などの果てに「向こうへ行ってくれ!」「出て行け!」というときのセリフです。比喩的には「人がこの世から去る、死ぬ」の意味で、また、ものが「消え去る」の意味でも使います。

▶ **Il faut que je m'en aille.**（もうおいとましなければなりません）

❹ 用法に注意すべき形容詞・前置詞

Ⅰ. 比較級・最上級を持たない形容詞　　CD1・Track 26

　次の形容詞はそれ自体が「非常に・最高に」という最上級のような強い意味を持っているため、比較級や最上級にはしません。またtrèsをつけて強めることもふつうしません。

- **excellent, e** [ɛksɛlɑ̃, -lɑ̃:t] 形 すばらしい・優れた；見事な
- **délicieux, se** [delisjø, -sjø:z] 形 非常においしい；とても心地よい・甘美な

　＊délicieuxは食べものばかりでなく、心地よい時間や甘美な香りなどの形容にも用います。また、人に関しては特に女性の人柄が「とても感じのよい」ことに使いますが、délicieux自体どちらかというと女性がよく使う語です。

▶ **C'est une excellente idée.**
（それはすばらしいアイデアだ）
▶ **Nous avons passé une soirée délicieuse.**
（私たちはとても心地よい晩を過ごしました）

Ⅱ. 前置詞と結びつく形容詞　　CD1・Track 27

　形容詞の中にも、動詞と同様に決まった前置詞と結びつくものがあります。意味とともにその用法も覚えておきましょう。

- **content, e** [kɔ̃tɑ̃, -tɑ̃:t] 形 満足している；うれしい

　＊単独で《Je suis très content(e).》（私はとてもうれしい）のように使うこともできますが、「〜がうれしい」「〜に満足している」ことは前置詞deをつけて表現します。deの後には名詞を置くことも動詞の不定形を置くこともできます。

▶ **Il est content de ce résultat.**
（彼はその結果に満足している）
▶ **Je suis très content de vous voir.**
（お会いできてとてもうれしいです）

prêt, e [prɛ, prɛt] 形 準備ができた・用意の整った

＊《Le dîner est prêt.》（夕飯の仕度が整っている）や《Vous êtes prêt(e)?》（準備はいいですか？）というように使いますが、「～の用意・準備ができている」は前置詞àまたはpourを用いprêt à（またはpour）～となります。「出発の用意ができている」はêtre prêt au départ、動詞を使えばêtre prêt à partirとなります。ファストフードは「食べる準備ができた」もので、prêt-à-mangerです。高級既製服を「プレタポルテ」（prêt-à-porter）といいますが、これは英語のready-madeのフランス語版で、オーダーメイドに対して、porter（着る）準備がprêt（できている）服のことです。

▶ **Nous sommes prêts à partir.** （私たちはいつでも出発できます）

plein, e [plɛ̃, plɛn] 形 いっぱいの・満ちた；完全な

＊容器などの中身がいっぱいである、乗り物やホールが満員である、という意味の形容詞ですが、「～でいっぱいの」というときは〈plein de + 無冠詞名詞〉で示し、

▶ **Cette voiture est pleine de voyageurs.**
（この車両は旅行客でいっぱいだ）

となります。
　また、名詞の前で「完全な」の意味にもなり、pleine victoireは「完全な勝利」です。慣用表現としては、〈en plein(e) + 名詞〉で「～の真ん中で」「～の最中に」も知っておくとよいでしょう。en pleine rueは「道の真ん中で」、en plein airは「大気の真ん中」つまり「屋外で」です。en plein airは単にplein airともいいます。

Ⅲ. 副詞としても使う形容詞・前置詞　CD1・Track 28

　多くの形容詞はそれに対応する副詞を持っていますが、いくつかの形容詞はその形のまま副詞として使われます。また前置詞の中にも副詞的用法を持つものもあります。それらはもとの形容詞・前置詞の意味のすべてを持っているわけではなく、特定の意味で使われることが多いのも特徴です。

□ **bas, se** [ba, bɑːs] 形 低い　副 低く；小声で

＊形容詞としては位置や数値が低いこと、音が低い、あるいは声が小さいことを意味します。そして副詞として「低く・下に」あるいは「小声で・低音で」の意味で使います。parler bas は parler haut の反対で、「小声で話す」ことです。

▶ **Elle m'a répondu tout bas.**（彼女は小声で私に答えた）

□ **faux, sse** [fo, foːs] 形 間違った・にせの；調子はずれの
　　　　　　　　　　　　　 副 調子はずれに

＊正しくないこと、具体的には「間違った」「嘘の」と、本物でないこと、つまり「にせの」「見せかけの」を意味する形容詞ですが、音に関して「正しい音程でない」「調子はずれの」という意味でも使い、副詞としての faux はもっぱらこの意味で、chanter faux は「調子はずれに歌う」ということです。

▶ **Elle ne veut pas chanter pour la raison qu'elle chante faux.**（彼女は音痴だからといって歌いたがらない）

□ **court, e** [kuːr, kurt] 形 短い　副 短く

＊空間的にも時間的にも使え、日本語では「長さ」ではなく「高さ」と意識されている背や鼻が「低い」ことをいう場合もあります。時間的にはかかる時間が短いこと、早いことで、《Soyez court.》は背が低くなれ、というのではなく、「手短に言ってください」ということです。
　副詞としては髪や丈を「短く」切るという場合のほか、時間的な表現が多用されます。その場合「短い時間で」というより「急に・突然」の意味で使います。

▶ **Il a coupé court à la conversation.**
（彼は突然に会談を打ち切った）

- **pour** [pu(ː)r] 前 〜のために；〜へ向かって　副 賛成して
- **contre** [kɔ̃(ː)tr] 前 〜に対して・反して　副 反対して

＊どちらも非常に意味の広い前置詞です。pourは「〜のために」という目的を基本として、〈pour＋場所〉なら「目的地」を、〈pour＋時期・期間〉なら「そのときのため」という「予定」を表し、同じ「〜のために」でもpour maladie（病気のため）など「原因・理由」も表現できます。さらには「〜として」「〜の代わりに」といった「同等・対価」なども意味します。そして、voter pour 〜（〜のために投票する）、être pour 〜（〜に賛成する）という「支持」を表す言い方のêtre pourが独立して副詞化し、《Je suis pour.》（私は賛成です）というように使われるのです。

　pourが離れているものに向かっていくことを意味の中心としているのと逆に、contreは向かっていった結果ものに接触した状態にあることを示します。それは「壁にもたれかかる」（s'appuyer contre le mur）のように接触した状態にも、「壁にぶつかる」ような「衝突」にも使えます。そして人やものに向かい合っている、ぶつかっていることは「〜に対して」「〜に反対して」の意味になり、「寒さに対して備えて」（contre le froid）のような「防止・予防」としても使います。副詞としては《Tu es contre?》（あなたは反対なの？）やvoter contre（反対票を投じる←反対向きに投票する）などpourと対になった使い方と、「接触して」「ぴったりそばについて」の意味があります。

▶ **Vous êtes pour ou contre?** （あなたは賛成ですか反対ですか？）

- **même** [mɛm] 形 同じ；まさにその　副 〜さえ；ちょうど

＊形容詞のmêmeは名詞の前か後かで意味が異なります。名詞の前では「同じ」という意味で、en même temps（同時に）や《C'est la même chose.》（それは同じことだ）という表現でもおなじみでしょう。名詞の後では「まさにその」で、le jour mêmeは「まさにその日、ちょうどその日」です（le même jourなら「同じ日」）。

　人称代名詞強勢形にmêmeをつけた「まさに〜自身」もよく使われ、電話で「田中さんでしょうか？」《C'est Monsieur Tanaka?》と聞かれ、「本人です」と答えるときには《Lui-même.》といいます。これは「私です」《Moi-même.》でもいいのですが、「田中本人です」の意味で「彼自身」と言っているわけです。

　このmêmeは副詞として使われると「〜さえ・〜すら」の意味になります。

▶ **Il ne l'a pas dit même à ses parents.**
（彼は両親にさえそれを言わなかった）

　また、場所や時を示す語句とともに使うと「まさに・ちょうど」となり、ici même（まさにここで）、aujourd'hui même（ちょうど今日）などといえます。
　そして接続詞のquandと組み合わせたquand mêmeは、「たとえ〜でも」のほかに「それでも・やはり」という副詞句としても使われ、感嘆文では「まったく・それにしたって」の意味になることも知っておきましょう。

☐ tout, toute, tous, toutes [tu, tut, tu, tut]
形 すべての　副 まったく

　＊まずこの形容詞は、特別な性数変化をするのでその形を覚えておかねばなりません。そしてふつうの形容詞と違い冠詞類の前に置かれる点にも注意が必要です。時間や距離の表現では「毎〜おきに」「〜ごとに」となることは、toute la journée（1日中）、toute l'année（1年中）と tous les jours（毎日）、tous les ans（毎年）の違いに典型的に現れています。無冠詞の具象名詞につくと tout homme（人は誰でも）のように「いかなる〜も」となり、抽象名詞につくと toute confiance（全幅の信頼）のように「まったき・完全な」となります。
　そして副詞になると「まったく・すっかり」の意味で形容詞（句）、副詞（句）を強めるのですが、子音字と有音のhで始まる女性形容詞の前でのみtoute(s)と性数変化をします。母音字と無音のhの前ではリエゾンをするので、結果として女性形容詞の前ではすべて[tut]という音に統一されるわけです。例えば

▶ **Elle est toute contente.**（彼女はまったく満足している）

に対して

▶ **Elle est tout étonnée.**（彼女はとても驚いている）

となります。さらにtoutには名詞の用法もあり、単数のtoutは「すべてのもの」という代名詞または「全体」という名詞、複数のtous（[tus]発音に注意）、toutesは「すべての人・全員」の意味の代名詞です。

❺ 特定の表現の中でよく使われる語 CD1・Track 29

☐ **excuser** [εkskyze] 動 許す・容赦する

＊excuserは他動詞で「(人を) 許す」ことですが、何といっても《Excusez-moi.》(すみません) という形で日常頻繁に用いる動詞です。代名動詞のs'excuser (謝る・弁解する) もあり、《Excusez-moi.》の意味で《Je m'excuse.》を使う人もいますが、これはくだけたい方です。
　また、一人で謝るのではない場合は《Excusez-nous.》となることにも注意してください。

▶ **Excusez-nous d'être en retard.** (遅れましてすみません)

☐ **plaire** [plε:r] 動 〜の気に入る

＊plaireは前置詞àを伴って、「(人) の気に入る」という形で用い、

▶ **Ce film vous a plu?** (この映画は気に入りましたか？)

というように使います。しかしこの動詞が最も活躍するのは依頼などの際に

▶ **S'il vous plaît.** (どうぞ、お願いします)

という形ででしょう。このilは非人称で、直訳すれば「もしそれがあなたの気に入るなら」となります。文書ではSVPと略します。

☐ **quitter** [kite] 動 離れる・去る；別れる

＊他動詞として目的語に場所や人を取り、「ある場所を離れる・去る」または「人と別れる・人のもとから去る」というのが基本的な使い方です。そこから仕事や活動を離れる、辞める、という意味にもなります。
　そしてこの動詞が日常会話で最も使われるのは、

▶ **Ne quittez pas.** (切らずにお待ちください)

という形ででしょう。これは電話での会話で、電話のある場所から離れずにいてください、つまり「切らずにお待ちください」という意味で、目的語は省略されています。これは比較的丁寧な表現で、tuで話す相手にはあまり使いません。これとは別に、tuで話す相手に「私」を目的語にした《Ne me quitte pas.》という表現を耳にすることがあるかもしれません。これは暗がりなどで、怖いから「私のそばを離れないで」というときに使います。もし恋人同士の別れ話の際に使われれば「私のもとを去らないで」といったところでしょう。

□ désoler [dezɔle] 動 悲しませる；当惑させる・困らせる

＊（人を）悲しませる、当惑させる、というこの動詞は、むしろ過去分詞の形をよく使います。過去分詞désoléは形容詞化し、

▸ **Je suis désolé(e).**（申し訳ありません）

という丁寧な謝罪を表現します。

□ enchanter [ɑ̃ʃɑ̃te] 動 魅了する・非常に喜ばせる

＊元来は「魔法にかける」という意味だったこの動詞は、過去分詞の形で

▸ **Enchanté(e).**（はじめまして）

というあいさつとして使われます。これも「あなたにお会いできてとてもうれしい」《Je suis enchanté(e) de faire votre connaissance.》の略ですが、今日では形式的な決まり文句にすぎません。もちろん、あいさつ以外でもêtre enchanté de ～で「～に非常に満足だ・とても喜んでいる」の意味で使いますし、他動詞として《Sa beauté a enchanté tous les hommes.》（彼女の美しさはすべての男たちを魅了した）などといえます。

□ prier [prije] 動 祈る；頼む

＊もとは神に祈ることで、他動詞なのでprier Dieuと直接目的にします。そして人に対しては「強く願う・懇願する」ことで、その場合もprier qn. de + inf.と、直接目的の人に～してくれるよう頼むという形になります。《Je vous prie de m'excuser.》なら「どうかお許しください」というわけです。このde + inf.が代名詞enになった形が

▸ **Je vous en prie.**

なのです。これは「どういたしまして」だと覚えている人も多いでしょうが、enの内容によって意味が変わるのです。「どういたしまして」となるのは《Je vous prie de ne pas me remercier.》（どうぞお礼をおっしゃることなきよう願います）のde ne pas me remercierがenになった場合です。したがって《Puis-je entrer?》（入ってもよろしいですか？）に対する《Mais je vous en prie.》なら《Je vous prie d'entrer.》（お入りくださるよう願います）のことですから「ええ、どうぞどうぞ」という意味になります。

importer [ɛ̃pɔrte] 動 重要である・大事である

＊この動詞は「もの・こと」が主語になるか非人称でしか使われないので、三人称の活用のみを持ちます。Ce qui importe, c'est ～（大事なのは～だ）や il importe à qn. de inf.（誰々にとって～することが重要だ）といった構文で使われますが、それ以外に疑問代名詞や疑問形容詞と組み合わせた次のような表現はぜひ知っておいてください。

- n'importe qui（誰であっても）
- n'importe quoi（何であっても）
- n'importe quand（いつでも）
- n'importe où（どこでも）
- n'importe quel, le（どんな～でも）

▶ Téléphone-moi n'importe quand.
（いつでもいいから電話をちょうだい）

l'attention [atɑ̃sjɔ̃] f 注意・用心

＊faire attention à ～ あるいは prêter attention à ～で「～に注意する・注意を払う」という表現になりますが、日常的には《Attention!》（気をつけて！）のひと言で注意を呼びかけるいい方がよく使われます。また「ご清聴ありがとうございました」は《Je vous remercie de votre attention.》で、この場合は「注意して聞くこと」「注目すること」という意味です。

▶ Attention! Les assiettes sont chaudes.
（気をつけてください、料理は熱いから）

le plaisir [plɛziːr] m 楽しみ・喜び；娯楽・気晴らし

＊plaire と同系の名詞で、plaisir de ～（～の楽しみ・喜び）などという形でもふつうに用いますが、次の日常特によく使う表現は知っておいたほうがよいでしょう。1つは何かを依頼されたり提案されたりしたときに「もちろん、喜んで」という返事としての

▶ Avec plaisir.

で、これは《Volontiers.》と同じように使います。もう1つは faire plaisir à qn.（[人を] 喜ばせる）という表現で、《Ça me fait plaisir.》（それは私を喜ばせる）は「それはうれしい」という意味です。

☐ le secours [s(ə)kuːr] m 救助・助け

＊フランス語で「助けて！」と叫ぶときは動詞を使わず

▶ **Au secours!**

というので、緊急事態に備えて覚えておきましょう。もちろん、この名詞は aller au secours de qn.（〜を助けに行く）、demander du secours（救いを求める）というように使うこともできます。

☐ la grâce [grɑːs] f 優美さ；厚意・恩恵

＊「優美さ」や「優雅さ」という意味と、「特別な厚意・恩恵」、あるいは神の「恩寵」という意味を持つ語ですが、日常表現の中では grâce à 〜（〜のおかげで）の形で使うことが多いでしょう。

▶ **Grâce à vous, j'ai trouvé un nouvel emploi.**
（あなたのおかげで新しい仕事が見つかりました）

☐ le côté [kote] m 側面・横・わき（腹）；方向

＊もともとは肋骨（côte）のある場所である「わき腹」を指し、それが「右脇・左脇」からものの側面や横を意味するようになりました。また、「〜はどっち側にあるのか」《De quel côté est 〜》といえば「方向」をたずねることになります。そして、日常的には前置詞 à や de と結びついて次のような前置詞句、副詞句でよく使われます。

- **à côté de 〜**（〜のそばに・隣に）
- **de ce côté**（こちら側に；この点については）
- **de côté**（斜めに；脇に）
- **d'un côté 〜, de l'autre (côté) 〜**
（一方では〜、もう一方では〜）

▶ **Mon bureau est à côté de la gare.**
（私のオフィスは駅のそばだ）
▶ **Laissez cela de côté.**
（それは脇に置いて〈ほうって〉おきなさい）

❻ 不定形容詞・不定代名詞の用法

　フランス語にはいろいろな不定形容詞・不定代名詞があり、用法もなかなか難しいのですが、どれも基本的な表現の中に頻繁に登場するもので、どうしても使いこなせるようになっておく必要があります。

CD1・Track 30

☐ on [ɔ̃] 不代 (一般に) 人は；誰かが；私たちは

　＊これは主語としてのみ使われる語で、2つの意味を知っておかなければなりません。もともとはhommeと同じくラテン語のhomoからできた語なので、「人」を意味するのですが、第一には不特定の人を表すのに使います。例えば

▸ **On** mange bien dans cette région.
　（この地方の料理はおいしい）

は「人はこの地方でおいしく食べる」、つまり「この地方の料理はおいしい」ということです。このonは「一般に人は」ですが、「ある人が」あるいは「誰かが」の意味で使うことも多く、《On vous appelle.》（お電話ですよ←誰かがあなたに電話をかけてきています）や《On frappe à la porte.》（ノックの音がする←誰かがノックしている）などが代表的な例です。また、「この学校は1921年に設立された」のような受身の文も《On a fondé cette école en 1921.》と表現することができます。つまり、日本語なら主語を省いたり受身の形にしたりするものを、フランス語ではonを主語にして表現するのです。

　もう1つはonで特定した人を表す用法があり、主にnousの代わりに使いますが、これは口語的な表現で、動詞は三人称単数の活用をし、形容詞や過去分詞はonの指す人の性数に一致します。したがって、「私たちは一緒に出かけた」をonを主語にしていえば

▸ **On** est sortis ensemble.

となるわけです。そのほかの人称代名詞（単数の一人称や二人称など）の代わりに用いることもありますが、これは無理に使う必要はないと思います。

☐ personne [pɛrsɔn] 不代 誰も〜ない

　＊もとはもちろん「人間」というpersonneで、ne 〜 personneは「一人も〜ない」ということであり、ne 〜 pasが「一歩も〜ない」であったことと対応しています。

personneは基本的にはneと組み合わせて使いますが、主語となるときは《Personne n'a parlé.》（誰も発言しなかった）のようにneが後にきます。また、《Y a-t-il quelqu'un dedans?》（中に誰かいますか？）に対して《Non, personne.》（いいえ、誰も）と答えるときのようにneを省略することもあります。

▶ **Je ne l'ai dit à personne.**（私は誰にもそれを言わなかった）
▶ **Personne n'est venu le voir.**（誰も彼に会いに来なかった）
▶ **– Tu as vu quelqu'un?**（誰か見かけたかい？）
　– Personne.（誰も）

□ rien [rjɛ̃] 不代 何も～ない

＊これはラテン語のres（もの）が変化してできた不定代名詞で、ne～rienは「どんなものも～ない」ということだったのです。したがって、現在でも「何かあるもの」という肯定的な意味で使われる表現もあり、《Il est parti sans rien dire.》は「彼は何もいわずに（rien［何か］をsans dire［言うことなしに］）立ち去った」という意味になります。

　personneと同様rien～neの語順になることもあり、形容詞をつけるときは前置詞deを必要とし、〈rien de + 形容詞〉の形になります。また《Ce n'est rien.》や《Ça ne fait rien.》（大したことはありません、かまいません）という会話表現はもうおなじみのことと思います。

▶ **Je n'ai rien à vous dire.**
　（あなたに申し上げることは何もありません）
▶ **Il n'y a rien de neuf dans cet article.**
　（この記事には何も新しいことは書かれていない）

□ aucun, e [okœ̃, okyn] 不形 いかなる～もない

＊否定の副詞neあるいは前置詞sansとともに使われる不定形容詞で、原則として単数形ですが、複数形で用いる名詞につく場合はそれに一致して複数になります。また、不定代名詞としても用いられますが、これは不定形容詞が名詞化したもの、つまり修飾する名詞が省略されたものと考えてよく、用法も形容詞の場合とほぼ同じです。

▶ **Il n'a aucune délicatesse.**（彼にはデリカシーがまるでない）
▶ **Elle est sans aucun doute bonne actrice.**
　（彼女は間違いなくいい女優だ）
▶ **Aucun d'entre eux ne le sait.**
　（彼らのうち誰一人それを知らない）

☐ autre [o(ː)tr] 不形 ほかの・もう1つの；もう一方の

＊不定形容詞としては、不定冠詞とともに「ほかの」「もう1つ（別）の」の意味で、定冠詞とともに「2つのうちもう一方の」の意味で使うのが基本です。また、不定冠詞複数がついた「ほかのいくつかの」はd'autresという形に、「～とは別の」という表現はautre que ～となります。時間表現で注意すべきはun autre jourが「いつか別の日に」を、l'autre jourが「この前・先日」の意味になることです。

不定代名詞としては「別の人・別のもの」の意味で使いますが、特に特定の冠詞を伴った表現l'un(e) ～, l'autre ～（一方は～、他方は～）やl'un(e) et l'autre（どちらも・両者とも）、l'un(e) l'autre（お互いに）などは知っておくべきでしょう。

▸ **Il a écrit un autre livre.**（彼はもう1冊別の本を書いた）
▸ **Vous avez encore d'autres choses à faire?**
（まだしなければならないことがいろいろあるのですか？）
▸ **Elle a invité l'un et l'autre.**（彼女は2人とも招待した）

☐ plusieurs [plyzjœːr] 不形 いくつもの・何人もの
☐ quelque [kɛlk] 不形 いくつかの・何人かの；ある程度の；何らかの

＊どちらも数でいえば2、3の少ない数量を示す不定形容詞ですが、同じ数値でもplusieursを使うと多いことを、quelqueを使うと少ないことを表現します。つまりplusieursは1、2が標準であるようなものがそれ以上ある、という感じで、《Il a plusieurs voitures.》なら「1台しか持っていないのがふつうなのに何台も持っている」と言っているのです。したがってplusieursは複数形でしか使いません。

それに対してquelqueは数量が小さいことを示し、depuis quelques jours（数日前から）はそれほど前ではない、最近のことだという主張が、quelques instants（少しの間）は時間が短いという主張が含まれているのです。またplusieursと違い、単数形で物質名詞や抽象名詞について使いますが、その場合は数が問題にはならずに「ある程度の量の」という意味になり、depuis quelque tempsは「しばらく前から」で、単数ではむしろ少なくないことを示すのです。

ほかに用法の上では、plusieursは「何人もの人」「いくつものもの」という不定代名詞としても使われ、quelqueは数詞の前で「およそ・約」という副詞として使われるという違いがあります。

▸ **Il a plusieurs voitures.**（彼は何台も車を持っている）
▸ **Quelques jours après, il a quitté Paris.**
（その何日か後に彼はパリを離れた）

▸ – **Tu as de l'argent?**（お金はあるかい？）
　– **J'ai deux euros et quelques.**（2ユーロとちょっとだけだ）

☐ **quelque chose** [kɛlkəʃoːz] 不代 何か・あるもの
☐ **quelqu'un** [kɛlkœ̃] 不代 誰か・ある人

＊単数で使うquelqueは、物質名詞・抽象名詞につくと「ある程度・量の」ということですが、数えられる名詞につくと「何らかの」の意味で、quelque choseは文字通り「何らかのもの」、quelqu'unは「誰かある人」です。そしてこの2語は形容詞をつけて「何か〜なもの」「何か〜な人」という場合、rienやquoiと同様前置詞deをはさんで形容詞は男性単数形にします。

またquelqu'unは「だれかある人」の意味では男性単数形のみで、「ある女性」でもこの形で使いますが、「何人かの人」「いくつかのもの」の意味ではquelques-un(e)sという複数形があります。

▸ **Tu as quelque chose à boire?**（何か飲むものはありますか？）
▸ **Il cherche quelqu'un de plus sympa.**
　（彼はもっと感じのいい人を探している）
▸ **Quelques-uns d'entre eux sont restés là.**
　（彼らの何人かはそこに残った）

☐ **chacun, e** [ʃakœ̃, -kyn] 不代 それぞれ・各自
☐ **chaque** [ʃak] 不形 おのおのの・それぞれの；〜ごとの

＊chacunは不定代名詞、chaqueは不定形容詞で、どちらも単数形でのみ使います。

chacunが主語となるときは対応する所有形容詞は三人称単数ですが、主語以外の場合その人称に一致します。次の例の所有形容詞を比べてください。どちらも「彼女たちはめいめい自分の席に着いた」という意味です。

▸ **Chacune d'elles a pris sa place.**
▸ **Elles ont pris chacune leur place.**

chaqueについては、時間を表す語につくと「〜ごとに」の意味になり、chaque année（毎年）、chaque mois（毎月）のように使いますが、数詞を含んだ表現は口語的で、「3日おきに」はchaque trois joursよりもtous les trois joursのほうがよいとされています。

▸ **Elle lui écrit chaque semaine.**
　（彼女は毎週彼に手紙を書いている）

entre parenthèses ①

日本語になったフランス語を点検する

　日本語はこれまでに多くの外国語の単語を取り入れてきました。それらは外来語としてカタカナ表記されながらも日常生活で自然に使われています。中には「イクラ」のようにロシア語と意識されずに使われているものもありますが、フランス語についてはどうでしょうか。

　「ズボン」のように早い時期に入ったもの以外は、フランス語だと意識されているものが多いように思われます。したがってフランス語を知らない人でも知っているフランス単語がたくさんあるのですが、単語学習の手がかりとする際には発音と意味が変形していることに注意が必要です。たとえば「ズボン」はフランス語のjuponで、発音だけでなく意味もずれています。juponは「ペチコート、アンダースカート」のことで、ズボンpantalonではありません。ここではそうした語を点検してみましょう。

●「レストラン」はrestaurer（復活させる）の現在分詞

　日本語に入ったフランス語で最も数が多いのは、やはり料理、食事に関するものです。レストランに入ればメニューを見て、オードブルは何にしようか考える……今のカタカナ語はどれもフランス語です。restaurantは英語にもなっていますが、もともとはrestaurer（復活させる）の現在分詞で、「体力を回復させるもの」という意味です。初めは「元気をつける料理」を指していましたが、やがてそれを出す店の意味になったのです。menuも英語経由で入ったのかもしれませんが、発音と意味の両方に注意が必要で、発音は[məny]、意味は「メニュー」（=carte）ではなく「定食」や「コース料理」を指すのがふつうです。hors-d'œuvreは「オードブル・前菜」でよいのですが、これは前置詞句hors de（〜の外に）と

œuvre（仕事；作品）からなる複合語で、メインとなる作品（メインディッシュ）のほかに出されるものという意味です。

　食べものに関してはパンやデザート、お菓子の名前などがそのまま入ってきています。「パン」はポルトガル語からで、フランス語のpainではありませんが、クロワッサン（croissant）やブリオッシュ（brioche）などはすっかりおなじみです。croissantは「三日月」のことでもあり、もちろんその形からきた名ですが、レストラン同様現在分詞が名詞になったもので、もとの動詞はcroître（増大する、大きくなる）です。三日月は毎日その形を変え、大きくなっていくことからこう呼ばれます。

　ところでバゲットとともにフランスのパンの代表のようなクロワッサンですが、実は発祥はオーストリアで、マリー・アントワネットがハプスブルグ家からフランスへ嫁ぐときに連れて来たウィーンのパン職人が伝えたものだそうです。ただし、それはふつうの菓子パン生地でできたもので、今のように生地が層をなしたクロワッサンは1920年代にパリのパン職人が作ったというので、やはりフランスのパンといってよいのかもしれません。

●「ミルフィーユ」は「1,000人の娘」？

　デザートやお菓子についても、「タルト」（tarte）のようにそのまま入っているものが多くあります。チョコレートも「ショコラ」（chocolat）という商品名を使ったものが増えているので、今では誰もが知っている語ですが、ホットチョコレート、つまり「ココア」もchocolatであることは知らない人もいるかもしれません。そのほか注意を要するものとして、「シュークリーム」がchou à la crèmeであること（chouは「キャベツ」でその形から、ただしchouだけでも「シュークリーム」を意味することもある）、「ミルフィーユ」（mille(-)feuille）は1,000（mille）の葉

（feuille）が重なったように層をなしたお菓子で、日本語式に発音するとmille filles（1,000人の娘）に聞こえてしまうことなどは、今やフランス語学習者の常識となっているようです。またgâteauは英語のgateauのように大型のケーキだけを指すのではなく、ケーキ全般、さらには菓子パンやクッキーを含む菓子類は何でもgâteauでよいのです。

mille feuille

- **le restaurant** [rɛstɔrɑ̃]　m レストラン・食堂
- **le menu** [məny]　m 定食・コース料理；献立（表）
- **le hors-d'œuvre** [ɔrdœːvr]　m オードブル・前菜
- **l'œuvre** [œːvr]　f 作品；成果；仕事
- **le pain** [pɛ̃]　m パン
- **le croissant** [krwasɑ̃]　m 三日月；クロワッサン
- **le chocolat** [ʃɔkɔla]　m チョコレート；ココア
- **le(s) chou(x)** [ʃu]　m キャベツ；シュークリーム
  （= chou à la crème）
- **la crème** [krɛm]　f クリーム
- **le(s) gâteau(x)** [ɡɑto]　m お菓子・ケーキ

●chansonは「シャンソン」にかぎらない

　そのほかの分野に入った語は、食べものの名前のように実物を指す場合と違って、もとの意味とずれていることが多いようです。バカンス（vacances）やデビュー（début）、アトリエ（atelier）などはもとの意味を保っているのですが、それでも注意点はあります。まずvacancesは「休暇」の意味では必ず複数形です。単数のvacanceは「欠員」「空席」という意味です。débutも「デビュー・初舞台」の意味のときは複数で、単数では「初め・始まり」のことになります。atelierは日本語のアトリエより意味が広く、芸術家の制作現場だけでなく大工の仕事場や工場内の作業場なども指します。chansonもいわゆるシャンソンだけでなく歌一般を広く指し、特に大衆的な歌謡や流行歌などの意味で使われます。中でも意味がずれているのはcrayonで、これは「鉛筆」のことです。日本語のクレヨンは英語経由なのかもしれませんが、「クレヨン」をいうときは文脈で分かる場合を除きcrayon de pastelとします。ちなみにボールペンはcrayon à billeです。

- **les vacances** [vakɑ̃ːs]　f （複数）休暇・バカンス
- **le début** [deby]　m 初め・始まり；デビュー・初舞台
- **l'atelier** [atəlje]　m 仕事場・作業場・アトリエ
- **la chanson** [ʃɑ̃sɔ̃]　f 歌・歌謡
- **le crayon** [krɛjɔ̃]　m 鉛筆

●診察の予約もrendez-vous

　古いフランス映画の影響か、恋愛関係とでもいうべき語もいくつか日本語になっていますが、それらももとの語の持つ意味の中の特定のものだけを指していることが多いのです。「ランデブー」というと恋人同士が会う

ことと思われていますが、フランス語のrendez-vousは単に「会う約束」であって、デートに限りません。診察の予約もrendez-vousなのです。aventureも「思いがけず起こる出来事」の意味で、日常ごくふつうに使われる語です。この語は古い時代に英語に入ってadventureとなったことでも分かるように、そこから驚きや波乱をともなう体験、冒険の意味へと広がり、さらに比喩的に恋愛や情事を指すようになったのです。

　しかしこの種の語でもっとも原語から離れてしまったものは「アベック」（avec）でしょう。これはいうまでもなく「～とともに」という前置詞で、2人で一緒にいることからこういわれるようになったのでしょうが、もちろんフランス語ではcoupleで、これは英語経由で「カップル」という日本語にもなりましたが、coupleは一組の男女であれば恋人でも夫婦でもよいのです。

le rendez-vous

- **le rendez-vous** [rɑ̃devu] m 会う約束・(医者などの) 予約；会う場所・たまり場
- **l'aventure** [avɑ̃ty:r] f 意外な出来事・事件；冒険；恋愛・情事
- **avec** [avɛk] 前 ～とともに；～を持って；～を使って

第3章 「語形」で覚える

この章では、2つあるいは3つの語を比較対照し、語形に注目しながら覚えていきましょう。特にそれらの語が派生関係にある場合は、接頭辞や接尾辞を整理し、理解しておくのがよいでしょう。また、形の同じ語や似た語を混同しないようにまとめ、英語と比較しながら単語の整理をしてみましょう。

第1部 「派生関係」で覚える

❶ 接尾辞

　フランス語の単語の語尾には、いくつかの特徴的なグループがあります。中でも動詞や形容詞を名詞化する語尾を覚えておくと、対応する2つの品詞を同時に覚えられるだけでなく、名詞の性も判断できます。

Ⅰ. 動詞を名詞化する語尾

① -ion

CD1・Track 31

● これは-tionとなるものが多いのですが、-(s)sionとなるものもあります。またこの変形で-aison, -isonとなるものも少数ありますが、これらの語尾を持つ名詞はすべて女性名詞です。

□ **composer** [kɔ̃poze] 動 構成する；創作・作曲する；（電話番号などを）入力する
▼
□ **la composition** [kɔ̃pozisjɔ̃] f 構成；創作・作曲；（芸術）作品；作文（試験）

□ **proposer** [prɔpoze] 動 提案する；申し出る
▼
□ **la proposition** [prɔpozisjɔ̃] f 提案；申し出

□ **supposer** [sypoze] 動 仮定する；推測する
▼
□ **la supposition** [sypozisjɔ̃] f 仮定；推測

□ **poser** [poze] 動 置く；取り付ける；（質問を）提示する
▼
□ **la position** [pozisjɔ̃] f 位置；姿勢；状況・立場

- □ **répéter** [repete] 動 繰り返す
  ▼
- □ **la répétition** [repetisjɔ̃] f 繰り返し・反復

- □ **déclarer** [deklare] 動 表明・宣言する；申告・届け出をする
  ▼
- □ **la déclaration** [deklarasjɔ̃] f 表明・宣言；申告・届け出

- □ **préparer** [prepare] 動 準備する・用意する
  ▼
- □ **la préparation** [preparasjɔ̃] f 準備・用意

- □ **créer** [kree] 動 創造する；創り出す
  ▼
- □ **la création** [kreasjɔ̃] f 創造；創作

- □ **inviter** [ɛ̃vite] 動 招待する
  * inviter qn. à inf.（〈人に〉～するよう誘う）
- □ **l'invitation** [ɛ̃vitasjɔ̃] f 招待

- □ **organiser** [ɔrganize] 動 組織する；準備・企画する
  ▼
- □ **l'organisation** [ɔrganizasjɔ̃] f 組織・構成；組織団体

- □ **présenter** [prezɑ̃te] 動 紹介する；発表・提示・公開する
  ▼
- □ **la présentation** [prezɑ̃tasjɔ̃] f 紹介；発表・展示・公開

- □ **séparer** [separe] 動 離す；分ける
  ▼
- □ **la séparation** [separasjɔ̃] f 分けること・分離；別れ

第3章 「語形」で覚える

- **communiquer** [kɔmynike] 動 伝達・連絡する
- **la communication** [kɔmynikasjɔ̃] f 伝達・連絡；コミュニケーション

- **expliquer** [ɛksplike] 動 説明する
- **l'explication** [ɛksplikasjɔ̃] f 説明

- **prononcer** [prɔnɔ̃se] 動 発音する；言葉を発する
- **la prononciation** [prɔnɔ̃sjasjɔ̃] f 発音

- **punir** [pyniːr] 動 罰する
- **la punition** [pynisjɔ̃] f 罰；報い

- **construire** [kɔ̃strɥiːr] 動 建設・製造する；（作品・考えを）構成する・作る
- **la construction** [kɔ̃stryksjɔ̃] f 建築（物）；構成

- **introduire** [ɛ̃trɔdɥiːr] 動 導き入れる
- **l'introduction** [ɛ̃trɔdyksjɔ̃] f 導入・紹介

- **instruire** [ɛ̃strɥiːr] 動 教育・訓練をする
- **l'instruction** [ɛ̃stryksjɔ̃] f 教育；（教育された）知識・教養

- □ **traduire** [tradɥiːr] 動 翻訳する
▼
- □ **la traduction** [tradyksjɔ̃] f 翻訳

- □ **détruire** [detrɥiːr] 動 壊す
▼
- □ **la destruction** [dɛstryksjɔ̃] f 破壊

- □ **discuter** [diskyte] 動 議論する
▼
- □ **la discussion** [diskysjɔ̃] f 議論

- □ **exprimer** [ɛksprime] 動 表現する
▼
- □ **l'expression** [ɛksprɛsjɔ̃] f 表現・言い回し；
　　　　　　　　　　　　　　　（感情の）表れ・表情

- □ **permettre** [pɛrmɛtr] 動 許可する・許す
▼
- □ **la permission** [pɛrmisjɔ̃] f 許可

- □ **émettre** [emɛtr] 動 （音や光を）発する；（意見を）発表する；（通貨などを）発行する；（目的語なしで）放送する
▼
- □ **l'émission** [emisjɔ̃] f （テレビ・ラジオの）放送；
　　　　　　　　　　　　（通貨などの）発行

- □ **décider** [deside] 動 決める
　　＊décider de inf.（～することに決める）
▼
- □ **la décision** [desizjɔ̃] f 決定；決心

第3章 「語形」で覚える

- ☐ **comparer** [kɔ̃pare] 動 比べる・比較する
  ▼
- ☐ **la comparaison** [kɔ̃parɛzɔ̃] f 比較

- ☐ **lier** [lje] 動 (ひもで) 結ぶ・縛る；結びつける；関係づける
  ▼
- ☐ **la liaison** [ljɛzɔ̃] f つながり；関係；連絡

- ☐ **guérir** [geriːr] 動 他(病気やけがをした人を) 治す；
   自(病気やけがをした人が) 治る
  ▼
- ☐ **la guérison** [gerizɔ̃] f (病気の) 回復・治癒

● このグループの中には、動詞形より名詞形が頻繁に用いられるものや、名詞形から動詞形が作られたものもあります。

- ☐ **la situation** [sitɥasjɔ̃] (←**situer** 位置づける) f 位置・状況

- ☐ **la conversation** [kɔ̃vɛrsasjɔ̃]
  (←**converser avec** 〜と話をかわす) f 会話

- ☐ **la condition** [kɔ̃disjɔ̃] (→**conditionner** 条件づける) f 条件

- ☐ **l'occasion** [ɔkazjɔ̃] (→**occasionner** 引き起こす) f 機会
  ＊「中古品」という意味もあります。livres d'occasion と言えば「古本」です。

- ☐ **la question** [kɛstjɔ̃] (→**questionner** 質問する) f 質問

□ **l'addition** [adisjɔ̃] (→**additionner**) f 足し算・勘定書・追加
 ＊動詞のadditionnerは「加算する；合計する」の意味で、「勘定を払う」はrégler l'additionですが、お店でお勘定をするときにはL'addition s'il vous plaît!と言います。

□ **l'éducation** [edykasjɔ̃] (→**éduquer** 教育する) f 教育

□ **la télévision** [televizjɔ̃] (→**téléviser** テレビ放映する)
 f テレビ

② -ance, -ence   CD1・Track 32

● 同様に、動詞から女性名詞を作ります。

□ **résister** [reziste] 動 (à〜に) 抵抗する；耐える
▼
□ **la résistance** [rezistɑ̃ːs] f 抵抗；耐久力

□ **naître** [nɛtr] 動 生まれる
▼
□ **la naissance** [nɛsɑ̃ːs] f 誕生

□ **espérer** [ɛspere] 動 希望する・期待する
▼
□ **l'espérance** [ɛsperɑ̃ːs] f 希望・期待

□ **croire** [krwaːr] 動 思う；信じる
▼
□ **la croyance** [krwajɑ̃ːs] f 信仰；信念

第3章 「語形」で覚える

□ **exister** [εgziste] 動 存在する
▼
□ **l'existence** [εgzistɑ̃:s] f 存在・生活

□ **préférer** [prefere] 動 より好む；(A à B) BよりAを好む
▼
□ **la préférence** [preferɑ̃:s] f 好み
　＊ de préférence（好んで；なるべくなら）

③ -ure　　　CD1・Track 33

● 動詞から女性名詞を作ります。つづりの変化にも注意しましょう。

□ **blesser** [blεse] 動 傷つける
▼
□ **la blessure** [blεsy:r] f 傷・けが

□ **brûler** [bryle] 動 焼く・燃やす；やけどさせる
▼
□ **la brûlure** [bryly:r] f やけど；焦げあと

□ **couvrir** [kuvri:r] 動 覆う；包む
▼
□ **la couverture** [kuvεrty:r] f 毛布・掛け布団；
　　　　　　　　　　　　　　（本などの）表紙・カバー

□ **écrire** [ekri:r] 動 書く
▼
□ **l'écriture** [ekrity:r] f 文字・表記；筆跡；筆記

□ **peindre** [pɛ̃:dr] 動 (絵の具で) 描く；塗装する・ペンキを塗る
▼
□ **la peinture** [pɛ̃ty:r] f 絵・絵画；塗料・ペンキ；塗装

☐ **lire** [liːr] 動 読む
▼
☐ **la lecture** [lɛktyːr] f 読書
　＊「レクチャー（講義）」ではありません。「講義」は le cours。

④ -(e)ment, -age　CD1・Track 34

● いずれも動詞から男性名詞を作る語尾です。

☐ **changer** [ʃɑ̃ʒe] 動 変更する；取り替える・交代させる
　＊ changer de（〜を変える）
▼
☐ **le changement** [ʃɑ̃ʒmɑ̃] m 変更・変化；（電車の）乗り換え

☐ **développer** [dev(ə)lɔpe] 動 発達・発展させる；
　　　　　　　　　　　　　　　（考えを）展開する
▼
☐ **le développement** [dev(ə)lɔpmɑ̃] m 発達・発展；
　　　　　　　　　　　　　　　　　　　展開・進展

☐ **arranger** [arɑ̃ʒe] 動 整える（整理・配置・準備をする）；
　　　　　　　　　　　解決・調停する
▼
☐ **l'arrangement** [arɑ̃ʒmɑ̃] m 整理・配列；取り決め・協定

☐ **enseigner** [ɑ̃sɛɲe] 動 教える
▼
☐ **l'enseignement** [ɑ̃sɛɲmɑ̃] m 教育；教職

☐ **juger** [ʒyʒe] 動 裁判をする・裁く；判断する
▼
☐ **le jugement** [ʒyʒmɑ̃] m 裁判・判決；判断

第3章　「語形」で覚える

- □ **entraîner** [ɑ̃trɛne] 動 引っ張って動かす；引き入れる・連れて行く；訓練する
- □ **l'entraînement** [ɑ̃trɛnmɑ̃] m 訓練・トレーニング

- □ **engager** [ɑ̃gaʒe] 動 雇う・契約する；義務づける；入り込む・参加させる
- □ **l'engagement** [ɑ̃gaʒmɑ̃] m 約束・契約；義務；出場登録（エントリー）

- □ **payer** [peje] 動 支払う
- □ **le paiement** [pɛmɑ̃] m 支払い

- □ **bâtir** [bɑtiːr] 動 建てる；組み立てる
- □ **le bâtiment** [bɑtimɑ̃] m 建物

- □ **sentir** [sɑ̃tiːr] 動 他 感じる；においをかぐ 自 におう
  * 《Ça sent bon.》（いい匂いがする）
- □ **le sentiment** [sɑ̃timɑ̃] m 感情；好意・愛情；意識

- □ **chauffer** [ʃofe] 動 暖める
- □ **le chauffage** [ʃofaːʒ] m 暖房（装置）

- □ **se marier** [s(ə) marje] 動 （avec 〜と）結婚する
  * marier は他動詞で、「結婚させる」という意味です。
- □ **le mariage** [marjaːʒ] m 結婚

□ **nettoyer** [netwaje] 動 きれいにする；掃除・洗濯をする
▼
□ **le nettoyage** [netwajaːʒ] m 掃除；クリーニング

□ **passer** [pɑse] 動 通る・通過する；立ち寄る；(時が) 過ぎる
▼
□ **le passage** [pɑsaːʒ] m 通過・通行；通路；
　　　　　　　　　　　　（文章・音楽の）一節

● 次のものは動詞形より名詞形がよく使われます。

□ **le gouvernement** [guvɛrnəmɑ̃]（←**gouverner** 統治する；舵を取る） m 政府；政権（国の舵取りをすること）

□ **le mouvement** [muvmɑ̃]（←**mouvoir** 動かす） m 動き；運動

le gouvernement

Ⅱ. 名詞を動詞化する語尾

　逆に、名詞が動詞化されることもあります。その際の語尾は-erか-irですが、ここでは圧倒的に数の多い-erの語尾を持つものをまとめます。実はこのグループの中の語彙は、必ずしも名詞から動詞ができたものばかりではなく、動詞の語尾-erを落として名詞化したものも多くあるのですが、覚えるときには短い名詞形に-erを足して動詞形にするという順序で考えたほうが簡単だと思います。

CD1・Track 35

□ **l'aide** [ɛd] f 助け・援助
▼
□ **aider** [ɛde] 動 手伝う；助ける

□ **l'accord** [akɔːr] m 賛同；同意・融和
　＊D'accord!（ＯＫ！、いいよ）という副詞句で日常よく使います。
▼
□ **accorder** [akɔrde] 動（許可などを）与える
　＊s'accorder（〈avec～に〉同意する）

□ **l'adresse** [adrɛs] f 住所
▼
□ **adresser** [adrɛse] 動（手紙を）出す；送る；話しかける

□ **l'attaque** [atak] f 攻撃；非難；発作
▼
□ **attaquer** [atake] 動 攻撃する；非難する

□ **l'avance** [avɑ̃ːs] f 前進；リード；前払い
▼
□ **avancer** [avɑ̃se] 動 他 早める・進める
　　　　　　　　　　 自 前に出る；進む；はかどる

- ☐ **la charge** [ʃarʒ] f 積み荷；負担
- ☐ **charger** [ʃarʒe] 動 (荷物を)積む；(負担や任務を)負わせる

- ☐ **la chasse** [ʃas] f 狩り；追撃；追跡・追求
- ☐ **chasser** [ʃase] 動 狩りをする；追い立てる・追い払う

- ☐ **la coupe** [kup] f (髪の)カット；(服の)裁断；伐採；切断
- ☐ **couper** [kupe] 動 切る；刈る；中断する・止める

- ☐ **le cri** [kri] m 叫び；(動物の)泣き声
- ☐ **crier** [krije] 動 叫ぶ；大声を出す

- ☐ **la danse** [dɑ̃:s] f 踊り・ダンス・バレエ
- ☐ **danser** [dɑ̃se] 動 踊る

- ☐ **la demande** [d(ə)mɑ̃:d] f 要求・依頼；注文；請求
- ☐ **demander** [d(ə)mɑ̃de] 動 求める・頼む；たずねる・訊く

- ☐ **le désir** [dezi:r] m 欲望・願望
- ☐ **désirer** [dezire] 動 望む・欲する

- ☐ **la dépense** [depɑ̃:s] f 出費・支出；消費
- ☐ **dépenser** [depɑ̃se] 動 (お金を)使う；(時間・労力・電気などを)消費する

第3章 「語形」で覚える

- □ **le dessin** [desɛ̃] m 素描・デッサン
  ▼
- □ **dessiner** [desine] 動 線で描く・デッサンする；輪郭を描く

- □ **le divorce** [divɔrs] m 離婚
  ▼
- □ **divorcer** [divɔrse] 動 離婚する

- □ **le doute** [dut] m 疑い
  ▼
- □ **douter** [dute] 動 疑う

- □ **l'écart** [ekaːr] m 間隔・隔たり；（温度や値段の）差
  ▼
- □ **écarter** [ekarte] 動 間隔をあける；離す；遠ざける

- □ **l'échange** [eʃɑ̃ːʒ] m 交換
  ▼
- □ **échanger** [eʃɑ̃ʒe] 動 交換する
  * échanger A contre B（AとBを交換する）

- □ **l'envie** [ɑ̃vi] f 欲求・願望；ねたみ・羨望
  ▼
- □ **envier** [ɑ̃vje] 動 うらやむ；ねたむ
  * avoir envie de 〜（〜が欲しい；〜したい）との違いに注意。

- □ **l'estime** [ɛstim] f 尊敬・敬意；評価
  ▼
- □ **estimer** [ɛstime] 動 評価する；尊敬する；〜とみなす

- □ **le frein** [frɛ̃] m ブレーキ；歯止め・抑制
▼
- □ **freiner** [frɛne] 動 ブレーキをかける；～を抑える・抑制する

- □ **le goût** [gu] m 味・味覚；好み・趣味
  ＊審美眼・センスの意味での「趣味」で、釣りや読書などの「趣味」は hobby（英語）や passe-temps を使います。
▼
- □ **goûter** [gute] 動 味見する
  ＊男性名詞で「おやつ」の意味もあります。

- □ **la lutte** [lyt] f 戦い・闘争；レスリング
▼
- □ **lutter** [lyte] 動 (contre～と) 戦う

- □ **le partage** [parta:ʒ] m 分割・分配；共有
▼
- □ **partager** [partaʒe] 動 分ける；共有する

- □ **la pêche** [pɛʃ] f 魚釣り
  ＊同じ字 pêche で「桃」という単語もあります。
- □ **pêcher** [peʃe] 動 釣りをする
  ＊アクサンの違う pécher は「宗教上の罪（péché）を犯す」ことです。

- □ **la plante** [plɑ̃:t] f 植物
▼
- □ **planter** [plɑ̃te] 動 植える；(旗やテントを) 立てる；
  　　　　　　　　　　　(釘を) 打ち込む

- □ **le rang** [rɑ̃] m (横の) 列；序列・ランク；地位・身分
  ＊縦の列は file。
▼
- □ **ranger** [rɑ̃ʒe] 動 並べる・整列させる；整理する

第3章 「語形」で覚える

- [ ] **le rapport** [rapɔːr] m 報告（書）・レポート；
  関連・関係・類似点
- [ ] **rapporter** [rapɔrte] 動 （もとの場所へ）戻す・返す；持ち帰る；
  （利益を）もたらす；伝える・報告する

- [ ] **le refus** [r(ə)fy] m 拒否・拒絶
- [ ] **refuser** [r(ə)fyze] 動 拒否する；断る

- [ ] **le regard** [r(ə)gaːr] m 視線；目つき
- [ ] **regarder** [r(ə)garde] 動 見る・眺める；確かめる

- [ ] **la remarque** [r(ə)mark] f 注意；指摘
- [ ] **remarquer** [r(ə)marke] 動 注意を向ける・気づく；指摘する

- [ ] **le reste** [rɛst] m 残り；その他の人・もの
- [ ] **rester** [rɛste] 動 残る；とどまる
  ＊（非人称で）il reste ~（~が残っている）

- [ ] **le rêve** [rɛːv] m 夢；空想
- [ ] **rêver** [rɛ(e)ve] 動 夢を見る；空想する

- [ ] **le repos** [r(ə)po] m 休息・休憩
- [ ] **se reposer** [sər(ə)poze] 動 休む；休息する

□ **le téléphone** [telefɔn] m 電話（機）
□ **téléphoner** [telefɔne] 動 電話をかける

□ **la visite** [vizit] f 訪問；見物；診察
□ **visiter** [vizite] 動 （ある場所を）訪れる・見物する；見舞う；
（医者が）往診する
＊この対応には注意が必要です。visiterは特定の目的（例えば観光や病人の見舞い、診察など）がある場合に使い、単に人（の家）を訪ねるときはrendre visite à qn.またはfaire une visite à qn.といいます。

□ **le voyage** [vwajaːʒ] m 旅行
□ **voyager** [vwajaʒe] 動 旅行する

● 以下のものは、つづりの変化にも注意しましょう。

□ **le conseil** [kɔ̃sɛj] m 助言・忠告；会議
□ **consei**l**ler** [kɔ̃seje] 動 助言する；勧める

□ **le travail** [travaj] m 仕事・勉強；職；
（複数 travaux で）作業；工事
□ **travai**l**ler** [travaje] 動 働く・勉強する
＊travailler à 〜（〜しようと努める）

□ **le pardon** [pardɔ̃] m 許し・容赦
＊《Pardon!》（すみません）、《Pardon?》（[発言が聞き取れなかったとき]何とおっしゃいました？）という間投詞として使われることが多い単語です。
□ **pardo**n**ner** [pardɔne] 動 許す

第3章 「語形」で覚える

- ☐ **l'abandon** [abɑ̃dɔ̃] m 放棄・断念
  - ☐ **abandonner** [abɑ̃dɔne] 動 見捨てる；去る

- ☐ **le retour** [r(ə)tuːr] m 帰ること；帰宅・帰還；帰り道
  - ☐ **retourner** [r(ə)turne] 動 他 裏返す；返品・返送する
    自 帰る；戻る

- ☐ **le soin** [swɛ̃] m 入念さ・配慮；世話
  - ☐ **soigner** [swaɲe] 動 世話をする
    ＊代名動詞se soignerで「健康や身だしなみに気をつける」という意味になります。

- ☐ **l'étude** [etyd] f 研究；調査・検討；(複数で) 学業・勉強；(絵画の) 習作；(音楽の) 練習曲
  - ☐ **étudier** [etydje] 動 研究・勉強をする；調査・検討する

- ☐ **l'essai** [esɛ] m 試し・試み・テスト；試論・エッセー
  - ☐ **essayer** [esɛje] 動 試す・テストする
    ＊essayer de inf. (〜しようと努める)

- ☐ **l'emploi** [ɑ̃plwa] m 職・仕事；使用
  - ☐ **employer** [ɑ̃plwaje] 動 使う；雇う

- ☐ **l'ennui** [ɑ̃nɥi] m (多くは複数で) 心配事・悩み・困ったこと；(単数で) 退屈
  - ☐ **ennuyer** [ɑ̃nɥije] 動 困らせる・心配させる；退屈させる

● 語尾が -er となるもの以外では、次のようなものもあります。

□ **la fin** [fɛ̃]　f 終わり・最後；死
▼
□ **finir** [finiːr]　動 他 終える　＊finir de inf.（〜し終える）
　　　　　　　　　　　 自 終わる

□ **le combat** [kɔ̃ba]　m 戦い・戦闘
▼
□ **combattre** [kɔ̃batr]　動 戦う

● 同じ方法で形容詞を動詞化することもあります。

□ **vide** [vid]　形 からの・空いた
▼
□ **vider** [vide]　動 からにする

□ **sec, sèche** [sɛk, sɛʃ]　形 乾いた；そっけない；(酒が) 辛口の
▼
□ **sécher** [seʃe]　動 乾かす

● また、対応する動詞の語幹とつづりの違う名詞は注意が必要です。

□ **l'achat** [aʃa]　m 購入・購買
▼
□ **acheter** [aʃte]　動 買う

□ **le jeu** [ʒø]　m 遊び・ゲーム・協議；賭け；演奏・演技
▼
□ **jouer** [ʒwe]　動 遊ぶ・競技をする；演奏・演技をする；賭けをする
　　　　　　　　（▶p.113参照）

□ **la vente** [vɑ̃ːt]　f 売却
▼
□ **vendre** [vɑ̃ːdr]　動 売る

第3章 「語形」で覚える

- □ **la défense** [defɑ̃:s] f 守り・防御；弁護
    *《Défense de inf.》で「〜禁止」という掲示などでも使います。
- □ **défendre** [defɑ̃dr] 動 守る・弁護する；禁止する

- □ **la réponse** [repɔ̃:s] f 答え；返事；回答
- □ **répondre** [repɔ̃:dr] 動 答える

- □ **le choix** [ʃwa] m 選択
- □ **choisir** [ʃwazi:r] 動 選ぶ

- □ **la perte** [pɛrt] f 失うこと・喪失・損失；無駄
- □ **perdre** [pɛrdr] 動 失う；(人を) 亡くす；(勝負に) 負ける；無駄にする

● 次の対応は語形がかなり違うので特に注意。

- □ **le départ** [depa:r] m 出発；始まり
- □ **partir** [parti:r] 動 出発する・出かける；始まる

Ⅲ. 形容詞を名詞化する接尾辞

　形容詞を名詞化する語尾には-esse/-té/-iseなどがありますが、これらはすべて女性名詞を作ります。

① -esseを付けるもの　　　CD1・Track 36

□ **faible** [fɛbl] 形 弱い；(能力が) 乏しい
▼
□ **la faiblesse** [fɛblɛs] f 弱さ；衰弱；(能力の) 乏しさ

□ **jeune** [ʒœn] 形 若い
▼
□ **la jeunesse** [ʒœnɛs] f 若さ；若い頃・青春期

□ **riche** [riʃ] 形 金持ちの・豊かな；肥沃な；〜に富んだ
▼
□ **la richesse** [riʃɛs] f 豊かさ；富裕；(複数で) 財産・富

□ **sage** [sa:ʒ] 形 賢明な・思慮深い；(子供・動物が) おとなしい；賢い
▼
□ **la sagesse** [saʒɛs] f 賢明さ；従順さ

□ **tendre** [tɑ̃:dr] 形 柔らかい；優しい
▼
□ **la tendresse** [tɑ̃drɛs] f 優しさ；愛情

□ **triste** [trist] 形 悲しい
▼
□ **la tristesse** [tristɛs] f 悲しみ

第3章 「語形」で覚える

□ **délicat, e** [delika, -at] 形 繊細な；虚弱な；デリケートな；
　　　　　　　　　　　　　　（問題が）微妙な
▼
□ **la délicatesse** [delikatɛs] f 繊細さ；心づかい；デリカシー

□ **poli, e** [pɔli] 形 礼儀正しい；丁寧な
▼
□ **la politesse** [pɔlitɛs] f 礼儀正しさ；礼節

□ **vieux (vieil), vieille** [vjø (vjɛj), vjɛj] 形 年とった；古い；
　　　　　　　　　　　　　　　　　　　　　　　昔からの
▼
□ **la vieillesse** [vjɛjɛs] f 老年・老い
　＊女性形から作られることに注意。

● この接尾辞は副詞を名詞化することもあります。

□ **vite** [vit] 副 速く；急いで
▼
□ **la vitesse** [vitɛs] f 速度

② -té を付けるもの　　　　　　　　　CD1・Track 37

● このグループは、接尾辞がつく際につづりが変化するものが多いので注意してください。

□ **beau (bel), belle** [bo (bɛl), bɛl] 形 美しい・きれいな；すば
　　　　　　　　　　　　　　　　　　　　らしい；（天気が）よい
▼
□ **la beauté** [bote] f 美・美しさ

□ **difficile** [difisil] 形 難しい・困難な；気難しい
▼
□ **la difficulté** [difikylte] f 困難・難しさ；難点・困ったこと

- □ **égal, e** [egal] 形 等しい；平等な
  ▼
- □ **l'égalité** [egalite] f 平等・同等

- □ **libre** [libr] 形 自由な
  ▼
- □ **la liberté** [libɛrte] f 自由

- □ **humain, e** [ymɛ̃, -ɛn] 形 人の・人間の；人間味のある
  ▼
- □ **l'humanité** [ymanite] f 人類・人間味；（複数で）ギリシャ・ラテンの古典研究

- □ **nécessaire** [nesesɛːr] 形 必要な；不可欠の
  ▼
- □ **la nécessité** [nesesite] f 必要（性）

- □ **réel, le** [reɛl] 形 現実の・実在の；本当の・真の
  ▼
- □ **la réalité** [realite] f 現実；事実

- □ **sain, e** [sɛ̃, -sɛn] 形 健康な；健康によい；健全な
  ▼
- □ **la santé** [sɑ̃te] f 健康；健全さ

③ -ence, -ance   CD1・Track 38

● -ent, -ant で終わる形容詞の多くは、-ence, -ance という形で名詞化されます。

- □ **absent, e** [apsɑ̃, -ɑ̃ːt] 形 不在の；留守の；欠席している
  ▼
- □ **l'absence** [apsɑ̃ːs] f 不在・留守；欠席

第3章 「語形」で覚える

□ **présent, *e*** [prezɑ̃, -ɑ̃:t] 形 いる・出席している；現在の
□ **la présence** [prezɑ̃:s] f いること・出席；存在

□ **différent, *e*** [diferɑ̃, -ɑ̃:t] 形 違った・異なる；さまざまな
□ **la différence** [diferɑ̃:s] f 違い・相違；差

□ **élégant, *e*** [elegɑ̃, -ɑ̃:t] 形 上品な・洗練された；しゃれた；礼儀正しい
□ **l'élégance** [elegɑ̃:s] f 洗練・上品さ

□ **important, *e*** [ɛ̃pɔrtɑ̃, -ɑ̃:t] 形 重要な・大事な；（量や規模が）大きい
□ **l'importance** [ɛ̃pɔrtɑ̃:s] f 重要性

④ その他 -eur, -ie, -ise, -ice　CD1・Track 39

● いずれも形容詞から女性名詞を作ります。

□ **haut, *e*** [o, o:t] 形 高い；上の；上級の；高度な
□ **la hauteur** [otœ:r] f 高さ；高所；高台

□ **long, *ue*** [lɔ̃, lɔ̃:g] 形 長い
□ **la longueur** [lɔ̃gœ:r] f 長さ；縦

□ **doux, *ce*** [du, dus] 形 甘い；柔らかい；おだやかな；優しい
□ **la douceur** [dusœ:r] f 柔らかさ；おだやかさ；優しさ

- □ **épais, *se*** [epɛ, -ɛs] 形 厚い；濃い
  ▼
- □ **l'épaisseur** [epɛsœːr] f 厚さ；濃さ

- □ **chaud, *e*** [ʃo, ʃoːd] 形 熱い；暑い
  ▼
- □ **la chaleur** [ʃalœːr] f 熱さ；暑さ

- □ **malade** [malad] 形 病気の；病んだ
  ▼
- □ **la maladie** [maladi] f 病気

- □ **fou (fol), folle** [fu (fɔl), fɔl] 形 気の狂った；気狂いじみた；大変な
  ▼
- □ **la folie** [fɔli] f 狂気；熱狂・マニア；莫大な出費

- □ **bête** [bɛt] 形 愚かな
  * もとは女性名詞で、「獣；家畜」あるいは「虫」という意味です。
  ▼
- □ **la bêtise** [bɛ(e)tiːz] f 愚かさ

- □ **juste** [ʒyst] 形 公平・公正な；正しい；正確な
  ▼
- □ **la justice** [ʒystis] f 公平・公正・正義；裁判
  * 基本単語ではありませんが、la justesse（正確さ；適切さ）という名詞もあります。

第3章 「語形」で覚える

Ⅳ. 形容詞を作る接尾辞

名詞や動詞から形容詞を作る語尾としては、次のものを知っておくとよいでしょう。

① -eux　　　　　　　　　　　　　CD2・Track 1

● 名詞から形容詞を作る語尾で、女性形は -euse となります。

□ **l'amour** [amuːr] m (f) 愛・愛情
▼
□ **amoureux, se** [amurø, -øːz] 形 恋をしている；惚れている；夢中の

□ **le courage** [kuraːʒ] m 勇気・元気；熱意・気力
　＊ Bon courage!（がんばって！；しっかり！）
▼
□ **courageux, se** [kuraʒø, -øːz] 形 勇敢な；熱心な

□ **le danger** [dɑ̃ʒe] m 危険
▼
□ **dangereux, se** [dɑ̃ʒrø, -øːz] 形 危険な

□ **la honte** [ɔ̃ːt] f 恥・恥辱；不名誉
▼
□ **honteux, se** [ɔ̃tø, -øːz] 形 恥ずべき

□ **le luxe** [lyks] m ぜいたく・豪華
　＊ 名詞の後に de luxe をつけて形容詞のように使うこともできます（つまり「デラックスな」です）。
▼
□ **luxueux, se** [lyksɥø, -øːz] 形 ぜいたくな・豪華な

- □ **le malheur** [malœːr] m 不幸・不運
  ▼
- □ **malheureux, se** [malœrø, -øːz] 形 不幸な

- □ **la merveille** [mɛrvɛj] f 驚異；驚くべきもの；すばらしいもの・傑作
  * 「世界の七不思議」は《les Sept Merveilles du monde》。
  ▼
- □ **merveilleux, se** [mɛrvɛjø, -øːz] 形 驚嘆すべき；すばらしい

- □ **le nombre** [nɔ̃ːbr] m 数
  ▼
- □ **nombreux, se** [nɔ̃brø, -øːz] 形 多数の

- □ **la religion** [r(ə)liʒjɔ̃] f 宗教；信仰
  ▼
- □ **religieux, se** [r(ə)liʒjø, -øːz] 形 宗教の；信心深い・敬虔な

- □ **la joie** [ʒwa] f 喜び；楽しみ
  ▼
- □ **joyeux, se** [ʒwajø, -øːz] 形 陽気な；嬉しい・楽しい

- □ **le silence** [silɑ̃ːs] m 沈黙
  ▼
- □ **silencieux, se** [silɑ̃sjø, -øːz] 形 無言の・無口な；静かな

② -al, -el   CD2・Track 2

● 同じく名詞から形容詞を作り、女性形は -ale、-elle となります。

- □ **la nation** [nasjɔ̃] f 国民・民族；国・国家
  ▼
- □ **national, e** [nasjɔnal] 形 国の・国家の；国民的な

- **le centre** [sɑ̃:tr] m 中心・中央；中心地；中心施設・センター
  - **central, e** [sɑ̃tral] 形 中央の・中心の；主要な

- **la région** [reʒjɔ̃] m 地方；地域
  - **régional, e** [reʒjɔnal] 形 地方の

- **le commerce** [kɔmɛrs] m 商業・商売・取引；商店
  - **commercial, e** [kɔmɛrsjal] 形 商業の・貿易の；利益優先の・もうけ主義の

- **le roi** [rwa] m 王・国王；王者；(トランプやチェスの) キング
  - **royal, e** [rwajal] 形 王の・王立の；王にふさわしい・豪華な

- **la mort** [mɔ:r] f 死
  - **mortel, le** [mɔrtɛl] 形 死すべき；致命的な

- **la personne** [pɛrsɔn] f (男女を問わず) 人・人間；個人
  - **personnel, le** [pɛrsɔnɛl] 形 個人の・個人的な；独自の・個性的な

- **le crime** [krim] m (法律上の) 罪・犯罪

  ＊crimeは主に殺人や強盗などの重罪をいい、commettre un crimeといえばふつう「殺人を犯す」ことを指します。窃盗などの軽犯罪はdélit、交通違反など罰金で済む罪はcontravention、少年犯罪や非行はdélinquanceといいます。また「宗教上の罪」はpéchéです。

  - **criminel, le** [kriminɛl] 形 罪になる・犯罪的な；刑事上の (「民事上の」はcivil, e)

□ **l'essence** [esɑ̃ːs] f ガソリン；本質・真髄；エッセンス・エキス
▼
□ **essen<u>t</u>iel, *le*** [esɑ̃sjɛl] 形 本質的な・非常に重要な；
　　　　　　　　　　　　　　　　必要不可欠の

□ **l'exception** [ɛksɛpsjɔ̃] f 例外
▼
□ **exceptio<u>nn</u>el, *le*** [ɛksɛpsjɔnɛl] 形 例外的な

□ **la profession** [prɔfesjɔ̃] f 職業
▼
□ **professio<u>nn</u>el, *le*** [prɔfesjɔnɛl] 形 職業上の・職業の；プロの

③ -ique   CD2・Track 3

● 名詞から形容詞を作ります。もともと-ieで終わる語は-ieを落として-iqueをつけます。

□ **la classe** [klɑːs] f クラス；授業；階級・等級
▼
□ **class<u>ique</u>** [klasik] 形 古典的な；ギリシャ・ローマの；
　　　　　　　　　　　　　　（17世紀）古典主義の

□ **le héros** [ero] m 英雄
▼
□ **héro<u>ïque</u>** [erɔik] 形 英雄的な
　＊形容詞は無音のhで始まります。

□ **l'économie** [ekɔnɔmi] f 経済；節約・倹約；（複数で）貯金
▼
□ **économ<u>ique</u>** [ekɔnɔmik] 形 経済の；経済的な

第3章 「語形」で覚える

167

④ -able, -ible

●動詞や名詞から「～すべき；～しうる」という意味の形容詞を作ります。

- □ **admirer** [admire] 動 感嘆する
  ▼
- □ **admirable** [admirable] 形 感嘆すべき；見事な

- □ **aimer** [εme] 動 愛する
  ▼
- □ **aimable** [εmabl] 形 愛想がよい；親切な（←愛すべき）

- □ **la vérité** [verite] f 真実；真理
  ▼
- □ **véritable** [veritabl] 形 真の；本当の（←信じうる）

- □ **terrible** [tεribl]（←la terreur 恐怖）
  形 恐ろしい；（口語で）大変な；すごい；すばらしい

- □ **formidable** [fɔrmidabl] 形 （口語で）すばらしい；すごい
  * もともとはラテン語のformidare（恐れる）からできた「恐るべき」という形容詞でした。

aimable

V. 副詞を作る接尾辞 -ment

　多くの形容詞は-mentをつけることによって副詞化できます（名詞を作る-(e)mentと混同しないようにしましょう）。その際には形容詞の女性形に-mentをつけるということを知っておいてください。それはこの-mentがもともとラテン語の「精神・気持ち」を意味するmensの変化形menteからきており、このmensが女性名詞だったためにそれにつく形容詞も女性形なのです。つまりこの一連の副詞は「〜という気持ちを持って」という意味だったわけです。

CD2・Track 5

□ **certain, e** [sɛrtɛ̃, -ɛn] 形 確かな・確実な；確信した；ある種の・何らかの；いくつかの・何人かの〜

＊名詞の後では「確かな・確実な」、名詞の前では単数なら「ある；何らかの」、複数なら「ある；いくつ（何人）かの」となります。人を主語にしてêtre certain(e)と属詞の位置にあるときは「確信した」ということです。

▼
□ **certainement** [sɛrtɛnmɑ̃] 副 確実に・きっと；（返事で）確かに；もちろん

□ **complet, ète** [kɔ̃plɛ, -ɛt] 形 完全な；満員の
▼
□ **complètement** [kɔ̃plɛtmɑ̃] 副 完全に；すっかり

□ **concret, ète** [kɔ̃krɛ, -ɛt] 形 具体的な
▼
□ **concrètement** [kɔ̃krɛtmɑ̃] 副 具体的に

□ **direct, e** [dirɛkt] 形 まっすぐな・直接の；（道や路線が）直通の
▼
□ **directement** [dirɛktəmɑ̃] 副 まっすぐに・直接

第3章 「語形」で覚える

- □ **entier, ère** [ɑ̃tje, jɛːr] 形 全体の・全部の；完全な；無傷の
  - ▼
- □ **entièrement** [ɑ̃tjɛrmɑ̃] 副 完全に；まったく

- □ **exact, e** [ɛgza(kt), ɛgzakt] 形 正確な・正しい；時間を守る
  - ▼
- □ **exactement** [ɛgzaktəmɑ̃] 副 正確に・まさに；（肯定の答えで）その通り

- □ **facile** [fasil] 形 簡単な・容易な；気楽な・気さくな
  - ▼
- □ **facilement** [fasilmɑ̃] 副 簡単に；楽に

- □ **général, e (複 -aux)** [ʒeneral (o)] 形 一般的な；全体の
  - ▼
- □ **généralement** [ʒeneralmɑ̃] 副 一般に；ふつうは；たいてい
  - ＊en généralでも同じ意味になります。

- □ **juste** [ʒyst] 形 公平・公正な；正しい；正確な (▶p.163参照)
  - ▼
- □ **justement** [ʒystəmɑ̃] 副 ちょうど；まさに；だからこそ

- □ **naturel, le** [natyrɛl] 形 自然の・天然の；生まれながらの；当然の
  - ▼
- □ **naturellement** [natyrɛlmɑ̃] 副 もちろん・当然；自然に・生まれつき

- □ **seul, e** [sœl] 形 唯一の・一人だけの；単独の
  - ▼
- □ **seulement** [sœlmɑ̃] 副 ただ～だけ；やっと・たった（今）；まだ

- □ **simple** [sɛ̃pl] 形 単純な・簡単な；気取らない；ただの・単なる
- □ **simplement** [sɛ̃pləmɑ̃] 副 単純に；ただ単に

- □ **spécial, e** [spesjal] 形 特別の・特殊な；固有の・独特の
- □ **spécialement** [spesjalmɑ̃] 副 特別に

- □ **vain, e** [vɛ̃, vɛn] 形 むなしい；無駄な
- □ **vainement** [vɛnmɑ̃] 副 無駄に
  - ＊en vain でも同じ意味になります。

- □ **précis, e** [presi, -i:z] 形 正確な・明確な
- □ **précisément** [presizemɑ̃] 副 正確に；まさに
  - ＊「(まさに) その通りです」という返事としても使えます。

● 男性単数の語尾が e 以外の母音で終わっている場合、e を加えずに -ment をつけます。また、-ant、-ent で終わる形容詞は -ant、ent を -am-、-em- に変えて -ment をつけます。この -am-、-em- は鼻母音にならず、-em- の e も [a] と発音されるので注意してください。

- □ **vrai, e** [vrɛ] 形 本当の・真の
- □ **vraiment** [vrɛmɑ̃] 副 本当に

- □ **absolu, e** [apsɔly] 形 絶対的な
- □ **absolument** [apsɔlymɑ̃] 副 絶対に；完全に；まったく

- □ **évident, e** [evidɑ̃, -ɑ̃:t] 形 明らかな・明白な
- □ **évidemment** [evidamɑ̃] 副 もちろん；当然

Ⅵ. 意味を持った接尾辞

　これまでに見た接尾辞は、ある単語から派生語を作り、その品詞を示すのが主な働きでした。しかし接尾辞の中には、それ自体がある意味を示すものもあります。ここではその代表として〈人〉を表す接尾辞と〈樹木・容器〉を表す接尾辞をまとめてみましょう。

人を表す接尾辞

① -eur（女性形 -euse）　　CD2・Track 6

● 多くは動詞からその行為を行う人を表す名詞を作ります。中には対応する動詞のないものもあります。

□ **voler** [vɔle] 動 盗む
　＊同じ形のvoler（飛ぶ）という動詞もあるので注意しましょう。
▼
□ **le voleur** [vɔlœːr] m, **la voleuse** [vɔløːz] f 泥棒

□ **chanter** [ʃãte] 動 歌う
▼
□ **le chanteur** [ʃãtœːr] m, **la chanteuse** [ʃãtøːz] f 歌手

□ **conduire** [kɔ̃dɥiːr] 動 運転する；(他動詞で) 導く；
　　　　　　　　　　　　 (車・機械を) 動かす
▼
□ **le conducteur** [kɔ̃dyktœːr] m,
　la conductrice [kɔ̃dyktris] f ドライバー・操縦者

□ **mentir** [mãtiːr] 動 嘘をつく
▼
□ **le menteur** [mãtœːr] m, **la menteuse** [mãtøːz] f 嘘つき

《関連語》
□ **le mensonge** [mãsɔ̃ːʒ] m 嘘

- □ **la taille** [tɑːj] f 大きさ；身長；(服の) サイズ
  ▼
- □ **tailler** [tɑje] 動 裁つ
  ▼
- □ **le tailleur** [tɑjœːr] m テーラー・仕立屋
  ＊「婦人用スーツ」の意味もあります。

- □ **vendre** [vɑ̃ːdr] 動 売る (▶p.157参照)
  ▼
- □ **le vendeur** [vɑ̃dœːr] m ,
  la vendeuse [vɑ̃døːz] f 店員・売り子；売り手

- □ **le voyage** [vwajaːʒ] m 旅行 (▶p.155参照)
  ▼
- □ **le voyageur** [vwajaʒœːr] m ,
  la voyageuse [vwajaʒøːz] f 旅行者

- □ **le directeur** [dirɛktœːr] m , **la directrice** [dirɛktris] f
  (←**diriger** 管理・指揮する) 長 (部長・局長・校長など)
  ＊「社長」は président-directeur général (P.-D.G.)

- □ **l'ingénieur** [ɛ̃ʒenjœːr] m 技師・エンジニア

● この -eur は人以外に機械などを表すこともあります。つまり「～する者」でなく「～する物」です。

- □ **le moteur** [mɔtœːr] m エンジン・モーター

- □ **l'ordinateur** [ɔrdinatœːr] m コンピュータ

第3章 「語形」で覚える

② -ier (女性形 -ière)、-ien (女性形 -ienne)、-iste

CD2・Track 7

● 多くは名詞からそれにたずさわる人（職業・身分）を表す名詞を作ります。-ier (-ière) は直前に [ʃ] [ʒ] の音があると -i- が落ちます。

□ **l'école** [ekɔl] f 学校・（特に）小学校；学派・流派
▼
□ **l'écolier** [ekɔlje] m **, l'écolière** [ekljɛːr] f 小学生

□ **le collège** [kɔlɛːʒ] m 中学校・コレージュ（中等教育の前期4年間）
▼
□ **le collégien** [kɔleʒjɛ̃] m **, la collégienne** [kɔleʒjɛn] f 中学生・コレージュの生徒

□ **le lycée** [lise] m 高校・リセ（中等教育の後期3年間）
▼
□ **le lycéen** [liseɛ̃] m **, la lycéenne** [liseɛn] f 高校生・リセの生徒

□ **la comédie** [kɔmedi] f 喜劇
▼
□ **le comédien** [kɔmedjɛ̃] m **, la comédienne** [kɔmedjɛn] f 俳優・役者（喜劇に限らず）

□ **la musique** [myzik] f 音楽・曲；楽譜
▼
□ **le musicien** [myzisjɛ̃] m **, la musicienne** [myzisjɛn] f 音楽家

□ **l'art** [aːr] m 技術；コツ；芸術・美術（複数またはbeaux-artsで）
▼
□ **l'artiste** [artist] m f 芸術家（造形芸術だけでなく、俳優・音楽家・芸人なども）

□ **le (la) dentiste** [dɑ̃tist] （←la dent 歯）m f 歯医者

● 職業を示す-ier が-erie になると、その仕事（場）・店を表します。

□ **le boulanger** [bulɑ̃ʒe] m, **la boulangère** [bulɑ̃ʒɛːr] f
　パン屋（の人）
▼
□ **la boulangerie** [bulɑ̃ʒri] f パン屋（の店）・パン製造業

□ **le pâtissier** [pɑtisje] m, **la pâtissière** [pɑtisjɛːr] f
　お菓子屋・菓子職人
▼
□ **la pâtisserie** [pɑtisri] f お菓子屋・ケーキ屋（店）；お菓子；菓子作り

□ **l'épicier** [episje] m, **l'épicière** [episjɛːr] f
　（←l'épice 香辛料）食料品店・雑貨屋（の主人）
▼
□ **l'épicerie** [episri] f 食料品店・雑貨店

樹木・容器を表す接尾辞

● 接尾辞-ier が果実や木の実につくとそれがなる木を表し、それ以外のものにつくと器や入れ物などを表す名詞を作ります。

CD2・Track 8

□ **la pomme** [pɔm] f りんご
▼
□ **le pommier** [pɔmje] m りんごの木

□ **la cerise** [s(ə)riːz] f 桜桃・さくらんぼ
▼
□ **le cerisier** [s(ə)rizje] m 桜の木

第3章 「語形」で覚える

- □ **l'orange** [ɔrɑ̃ːʒ] m オレンジ
- ▼
- □ **l'oran<u>ger</u>** [ɔrɑ̃ʒe] m オレンジの木

- □ **le marron** [marɔ̃] m マロニエの実；栗の実
- ▼
- □ **le marronnier** [marɔnje] m マロニエ・とちの木
  - ＊この対応は注意が必要です。マロニエの実も確かにmarronですが、これは食べられません。むしろmarronは食用の栗の実を指すことが多く、これはla châtaigneともいいます。「栗の木」はle châtaignierです。

- □ **la cendre** [sɑ̃ːdr] f 灰
- ▼
- □ **le cendrier** [sɑ̃drije] m 灰皿
  - ＊「シンデレラ」はCendrillon、日本でも昔は「灰かぶり姫」といっていました。

- □ **la salade** [salad] f サラダ
- ▼
- □ **le saladier** [saladje] m サラダボール

- □ **le panier** [panje] m かご・バスケット；(バスケットボールの) ゴール
  - ＊もともとは「パンpainを入れるかご」の意味。

❷ 接頭辞

　これまでに見たように、接尾辞の中にも人を表すもの、樹木や容器を表すものなど意味を持ったものがありますが、その多くはある品詞を作ることが主なはたらきでした。それに対し接頭辞は、すでに存在する語にある意味を添えることを第一の機能としています。ここでは代表的ないくつかの接頭辞を取り上げて、接頭辞のつかない語や、違う接頭辞のついた語と比較対照しながら単語を整理してみましょう。

① 反対・否定・欠如を示す接頭辞 dé-/in-/a-

● dé-はある性質や行為の反対を表します。　　　CD2・Track 9

- □ **avantage** [avɑ̃taːʒ] m 利点；有利；優位
  ▼
- □ **désavantage** [dezavɑ̃taːʒ] m 不都合；不利；難点

- □ **couvrir** [kuvriːr] 動 おおう；かぶせる
  ▼
- □ **découvrir** [dekuvriːr] 動 発見する（←おおいを取る）

● in-は否定を表します。in という字を見ると「中に」という意味を思いうかべそうですが、ほとんどはこの否定の接頭辞で、「中に」という in は少数です。

- □ **utile** [ytil] 形 役立つ・有用な
  ▼
- □ **inutile** [inytil] 形 役に立たない・無用な

- □ **croire** [krwaːr] 動 思う；信じる（▶p.145参照）
  ▼
- □ **incroyable** [ɛ̃krwajabl] 形 信じられない

● この in-は、次に p・b・m がくると im-に、r・l がくるとそれぞれ ir-・il-に変わります。

第3章 「語形」で覚える

177

□ **possible** [pɔsibl] 形 可能な・ありうる
▼
□ **impossible** [ɛ̃pɔsibl] 形 不可能な・ありえない
＊incroyable や impossible は、否定を表す接頭辞と可能を表す接尾辞の両方がついている語です。「レインコート」という意味の imperméable も同じで、もともとは「不浸透性の・防水性の」という意味です。

□ **régulier, ère** [regylje, -jɛːr] 形 規則的な
▼
□ **irrégulier, ère** [iregylje, -jɛːr] 形 不規則な

● in- が im- となる例はほかに immortel, le（不死・不滅の←mortel, le 死すべき）などが、il- になる例としては illégal, e（違法な←légal, e 合法な）などがあります。また、形が変わったためふつう気がつかれませんが、次の語もこの仲間です。

□ **l'ennemi, e** [ɛnmi] m f 敵
＊ラテン語の inimicus からできた語で、これは in + amicus、つまり「友 amicus」「でない in-」ということですが、語頭の形が変わってしまったためそれが分からなくなってしまいました。ちなみに amitié（友情・好意）の反対は inimitié（反感・敵意）です。

● a- はラテン語の ab（～から離れて）がもとで、やはり反対方向を示します。

□ **normal, e** [nɔrmal] 形 正常な；ふつうの
▼
□ **anormal, e** [anɔrmal] 形 異常な

● 接頭辞 extra- は「外の；越えた」という意味ですが、結果として反対語を作ることがあります。

□ **ordinaire** [ɔrdinɛːr] 形 ふつうの・並の；平凡な
▼
□ **extraordinaire** [ɛkstraɔrdinɛːr]
形 異常な・並外れた；（口語で）すごい；すばらしい
＊口語の「すごい；すばらしい」という意味では、しばしば extra と略されます。

② 方向を表す a-/en-

● 接頭辞 a- はラテン語の ad（〜へ）からきており、前置詞としての ad はフランス語で à になりました。ad の d は次の子音と同化して ac-、am-、ap- となったり、d が消えて a- となったり、いろいろに変化します。arriver（到着する）も実は「岸辺（ripa）に着く」ことだったのです。

接頭辞 en- は、もとはラテン語の inde（そこから）という、場所を示す副詞でした。形がだいぶ変わりましたが、これはアクセントのない語尾の -de が落ち、in が en に変わったためです。この en はフランス語でも「そこから」の意味を保った副詞となり、後に代名詞のはたらきも持つようになりました（前置詞の en はラテン語の前置詞 in から）。第2章で見た s'en aller の中にある en の正体もこれだったわけです。この en は次に m、b、p がくると em となります。以上のことをもとに、同じ動詞に a- がついた場合と en- がついた場合の違いを整理してみましょう。

CD2・Track 10

□ **mener** [m(ə)ne] 動 （人をある場所に）連れて行く
□ **amener** [amne] 動 （人を話し手のところに）連れて来る
□ **emmener** [ɑ̃mne] 動 （人を話し手のいるところから）連れて行く

＊mener は「人をある場所へ連れて行く」というのが基本的な意味です。目的語が比喩的に動物やものになることもあり、連れて行く先は à などの「前置詞 + 場所」で示されるのが原則です。ただし、ものが主語のときは目的語を省略して、特に道などが「〜へ（à〜）至る・通じる」という意味でも使います。

さて、この動詞に a- がつくとどうなるでしょう。a- は方向、目的地を示しますが、この場合は話者のいる、または行く場所です。《Amène les enfants à l'école.》（子供たちを学校へ連れて行って）は、話し相手がこれから行く場所が目的地となりますが、目的地が話し手（主語）のいる場所の場合は自明のこととして特にそれを示さず《Amène tes enfants.》（子供たちを［うちへ］連れていらっしゃい）ということが可能です。つまりこの動詞は主語、あるいは対話者のいる場所・行く場所が基準点になっているのです。

それに対して en- がつくと、今度は目的地ではなく出発点が示されます。つまり emmener は「話し手のいるところから人をどこかへ連れて行く」ことで、「どこへ」かは前置詞や副詞などを使って示されるのが自然です。いわば amener は目的地そのものが重要で、emmener はある場所から目的地への「移動」が重要なのです。

□ **porter** [pɔrte] 動 (手に) 持つ；持ち運ぶ；身に着けている
□ **apporter** [apɔrte] 動 (ものを人のところへ) 持って行く；
　　　　　　　　　　　　　持って来る
□ **emporter** [ãpɔrte] 動 (ものをある場所から) 運び去る；
　　　　　　　　　　　　　持って行く

＊porterの基本的な意味は人が何かを「手に持っている」こと、「たずさえている」ことで、日常的には何かを「身に着けている」こと、つまり服を着ていることや眼鏡をかけていることを表すのによく用います。何かを手に持ったまま本人が移動すれば「持ち運ぶ」ことになりますが、移動を表現の中心とするにはやはり接頭辞のついたものを使います。
　接頭辞のついたapporterとemporterの関係は、基本的にはamenerとemmenerの関係に重なります。すなわちapporterは話者のいる場所、行く場所が目的地となり、emporterは話者のいる場所が出発点となります。ただ、amenerやemmenerとの一番の違いは、原則としてものを目的語にするという点です。とくにapporterは人を目的語にすることはありません。emporterは人を目的語にすることがありますが、emmenerのように「人が人を連れて行く」のではなく、車や電車などの「乗り物が人を運んで行く」ということです。

□ **enlever** [ãl(ə)ve] 動 取り除く；消去する；脱ぐ；奪う

＊同じ接頭辞en-がlever（上げる；持ち上げる；起こす）につくと「取り除く」という動詞enleverになります。leverはものを上に上げる動作そのものを示すのに対し、enleverはある場所から（en-）別の場所へ動かす、どける、ということが意味の中心です。したがって不必要なものを除くこと、例えばシミを消すことや不要な語を削除することも表現しますし、身に着けている衣類や装身具などを脱ぐこと、はずすことにもこの動詞が使えます。また、人からものを「奪い取る」意味にもなり、この場合ものが直接目的語で「誰から」は前置詞àを使いenlever qch. à qn. となります。人を目的語にすると「誘拐する；連れ出す」という意味になってしまいます。

③ 反復・強意を表す re-

● re-の中心的な意味は「繰り返し・反復」ですが、そこから意味を強めることにもなり、結果的にかなり違った意味の語を作ることもあります。また re-の e は次に a や e がくると融合して ra-、re-となります。

🅲🅳2・Track 11

□ **revenir** [rəvniːr] 動 再び来る；戻る・帰ってくる

□ **ramener** [ramne] 動 連れ戻す；持ち帰る

□ **rappeler** [raple] 動 呼び戻す；再び電話する

＊これらの語は venir、amener、appeler に「もう一度・再び」という意味が加わったものと理解できるでしょう。ただし rappeler は比喩的に「人をある記憶へ呼び戻す；あることを思い出させる」の意味でも使います（代名動詞 se rappeler が「思い出す；覚えている」の意味であることはすでに見た通りです）。このようにもとの動詞に「もう一度」の意味を加えてできたものは他にも recommencer（再び始める）、refaire（やり直す）などいろいろあります。

● それに対し以下の動詞は、re-のつかない動詞との意味の違いに注意する必要があります。

□ **chercher** [ʃɛrʃe] 動 探す

□ **rechercher** [r(ə)ʃɛrʃe] 動 探し求める；探求・研究する；追い求める

＊ re-がついても「もう一度探す」わけではなく、意味を強めてより具体的、個別的にしている例です。

□ **envoyer** [ɑ̃vwaje] 動 送る；派遣する；投げる

□ **renvoyer** [rɑ̃vwaje] 動 送り返す；帰す；追い払う；解雇・退学させる

＊この re-は反復というより同じ動作を反対方向に向けることを意味し、「もとのところへもう一度送る」のが原義で、比喩的に「人を追い返す；解雇する」といった意味へと広がっていきました。また予定などを「先送りする；延期する」意味もあります。

☐ **recommander** [r(ə)kɔmɑ̃de] 動 勧告する；すすめる；
推薦する

＊commanderは「指揮・指図をする；命ずる」ということですが、re- のついたこの動詞はかなり違った意味になります。また「(郵便物を) 書留にする」という意味もあり、une lettre recommandéeは「推薦された手紙」ではなく「書留の手紙」です。

☐ **reconnaître** [r(ə)kɔnɛtr] 動 見分ける；認識する；認める

＊もとは「前に一度見たものを再びそれと認める」ことで、「見覚え・聞き覚えのあるものを識別する・認識する」こと、「事実であることを認める・承認する」意味で使います。

☐ **remettre** [r(ə)mɛtr] 動 再び置く・戻す；手渡す・届ける；
延期する

＊mettreの基本的な動作をもう一度繰り返すことは、だいたいremettreで表現できます。すなわち置いたものを「もう一度置く；もとに戻す」こと、衣類などを「再び身に着ける」こと、調味料や燃料を「さらに入れる」ことなどです。mettreの意味から離れた使い方としては、「手渡す・届ける」あるいは「ゆだねる」こと、予定などを「先送りする・延期する」ことなどがあります。

☐ **rentrer** [rɑ̃tre] 動 帰る・戻る；活動を再開する；
新年度・新学年になる

＊entrerにre-がついたものですから、「再び入る」「もといた場所に戻る・帰る」ことが意味の中心ですが、「もとの状態に戻る；活動を再開する」ことにもなり、特に学校が「新年度・新学年になる」意味でよく使います。名詞形のrentréeも、「戻ること・復帰」の意味もありますが日常的にはまず「新学年・新学期」を指します。

☐ **repasser** [r(ə)pɑse] 動 再び通る；復習する；アイロンをかける

＊文字通りには自動詞として「再び通る；もう一度立ち寄る」ことで、他動詞なら山や海を「再び通過する（越える・渡る）」ことですが、他動詞としてはむしろ比喩的に「同じことをやり直す；復習する」という意味で使われることが多く、実はそれよりも日常的によく使われるのは「アイロンをかける」という意味でなのです。アイロンは服の上を行ったり来たり「何度も通過する」ということでしょう。

④ bon-/mal-

● bon-やmal-はもちろん「よい」「悪い」を意味します。　**CD2・Track 12**

☐ **adroit, e** [adrwa, -wat] 形 器用な；巧妙な
☐ **maladroit, e** [maladrwa, -wat] 形 不器用な；軽率な
　＊adroitはもともとよい意味なので、mal-をつけるだけで反意語になります。

☐ **le bonheur** [bɔnœːr] m 幸福；幸運
☐ **le malheur** [malœːr] m 不幸；不運；災い；困った事態
　＊bonheurとmalheurは、今日ではあまり使われないheur（幸運）という語に接頭辞がついたものですが、この語は「前兆・前ぶれ」というのがもとの意味で、よい運にも悪い運にも使えたのでそれを明示する必要があったのです。また、bien/malの対立を使ったbienveillant, e（親切な）、malveillant, e（悪意ある）といった組み合わせもあります。

❸ 現在分詞・過去分詞からできた語

　動詞の現在分詞や過去分詞は形容詞としての機能を持っています（そもそも〈分詞〉とは動詞と形容詞の働きを分有する品詞、という意味です）。そして分詞が完全に形容詞化することも多く、その際現在分詞は「〜しつつある」、過去分詞は他動詞からできたものは「〜された」、自動詞なら「〜した」の意味になるのが原則です。さらには形容詞が名詞化し、「〜する（された・した）人・もの」という語に発展する場合もあります。

　現在分詞の語尾は-ant（女性形-ante）となりますが、過去分詞は規則動詞以外は個別に覚えておかねばなりません。

① 現在分詞からできた形容詞　**CD2・Track 13**

☐ **amuser** [amyze] 動 楽しませる；おもしろがらせる
▼
☐ **amusant, e** [amyzɑ̃, -ɑ̃ːt] 形 楽しい；おもしろい

- □ **courir** [kuriːr] 動 走る；急ぐ；流れる；(うわさなどが) 広まる
  ▼
- □ **courant, e** [kurɑ̃, -ɑ̃ːt] 形 流れる（ような）；目の前を進む・現在の；日常的な・ふつうの

- □ **étonner** [etɔne] 動 驚かせる
  ▼
- □ **étonnant, e** [etɔnɑ̃, -ɑ̃ːt] 形 驚くべき

- □ **exiger** [ɛgziʒe] 動 要求する
  ▼
- □ **exigeant, e** [egziʒɑ̃, -ɑ̃ːt] 形 要求の多い；うるさ型の

- □ **intéresser** [ɛ̃terɛ(e)se] 動 関心をひく・興味を持たせる；(ものが) 利害関係を持たせる
  ▼
- □ **intéressant, e** [ɛ̃terɛsɑ̃, -ɑ̃ːt] 形 興味深い・関心をひく；利益になる・得な

- □ **suffire** [syfiːr] 動 (ものが) 十分である・足りる
  *(非人称で) il suffit à qn. de qch./inf.（[人] には～で十分である）
  ▼
- □ **suffisant, e** [syfizɑ̃, -ɑ̃ːt] 形 十分な・満足させる

- □ **suivre** [sɥiːvr] 動 後について行く・来る；次に来る；続く
  ▼
- □ **suivant, e** [sɥivɑ̃, -ɑ̃ːt] 形 次の

- □ **vivre** [viːvr] 動 生きる・生きている；暮らす
  ▼
- □ **vivant, e** [vivɑ̃, -ɑ̃ːt] 形 生きている・命ある；生き生きした

- **charmant, e** [ʃarmɑ̃, -ɑ̃:t]（← **charmer** 魅了する）
  - 形 魅力的な；楽しい

《関連語》
- **le charme** [ʃarm] m 魅力

② 現在分詞からできた名詞　CD2・Track 14

- **assister** [asiste] 動 他 補佐する・助ける　自 出席する
  ▼
- **l'assistant, e** [asistɑ̃, -ɑ̃:t] m f 助手；(多くは複数で) 出席者

- **habiter** [abite] 動 住む
  ▼
- **l'habitant, e** [abitɑ̃, -ɑ̃:t] m f 住人；住民

- **tourner** [turne] 動 他 方向を変える；(角を) 曲がる；回転する
  　　　　　　　　　自 回転する；曲がる・カーブする
  ▼
- **le tournant** [turnɑ̃] m 曲がり角・カーブ

③ 過去分詞からできた形容詞　CD2・Track 15

- **élever** [el(ə)ve] 動 上げる・高くする；建てる；育てる
  ▼
- **élevé, e** [el(ə)ve] 形 高い；気高い；高尚な

- **ouvrir** [uvri:r] 動 あける・開く；栓を開く・スイッチを入れる
  ▼
- **ouvert, e** [uvɛ:r, -ɛrt] 形 開いた・あいている；開放的な；営業中の

第3章 「語形」で覚える

☐ **fermer** [fɛrme] 動 閉める・閉じる；（電気・水道などを）止める；閉店する

▼

☐ **fermé, e** [fɛrme] 形 閉じた；閉店（休業）した；閉鎖的な

☐ **occuper** [ɔkype] 動 （場所を）占める・占領する；住む；仕事・用事を与える・気晴らしをさせる；忙殺する

▼

☐ **occupé, e** [ɔkype] 形 手がふさがった・忙しい；（場所が）ふさがった・使用中の

＊何かをしている最中ならêtre occupé(e)といえます。「忙しい」と強調したいときはtrès occupé(e)のほうがよいでしょう。

☐ **mourir** [muriːr] 動 死ぬ；枯れる

▼

☐ **mort, e** [mɔːr, mɔrt] 形 死んだ；枯れた　＊feuilles mortes（枯葉）

☐ **distinguer** [distɛ̃ge] 動 見分ける；区別する

▼

☐ **distingué, e** [distɛ̃ge] 形 上品な；しゃれた

＊動詞との意味のずれに注意。名詞のdistinctionにも「区別」のほかに「気品・洗練」の意味があります。

☐ **fatigué, e** [fatige] （←**fatiguer** 疲れさせる）　形 疲れた

＊現在分詞からできたfatigant, e（疲れさせる；うんざりさせる）もあります。

④ 過去分詞からできた名詞　　CD2・Track 16

☐ **penser** [pɑ̃se] 動 考える；思う　＊penser à 〜（〜のことを考える）

▼

☐ **la pensée** [pɑ̃se] f 考え；思考；思想

- □ **entrer** [ãtre] 動 入る
- □ **l'entrée** [ãtre] f 入ること（入場・入学・入会）；入場券（料）；入り口；（料理の）アントレ

▼

- □ **arriver** [arive] 動 到着する・到達する；起こる（▶p.40参照）
- □ **l'arrivée** [arive] f 到着

▼

- □ **sortir** [sɔrtiːr] 動 自 外へ出る；外出する　他 外に出す
- □ **la sortie** [sɔrti] f 出ること；外出；出口

▼

- □ **employer** [ãplwaje] 動 使う；雇う（▶p.156参照）
- □ **l'employé, e** [ãplwaje] m f 勤め人・従業員

▼

- □ **donner** [dɔne] 動 与える（▶p.38参照）
- □ **la donnée** [dɔne] f データ・与件

  ＊もとは「与えられたもの」ということで、英語のdataもラテン語dare（与える）の過去分詞からできた名詞です。

▼

- □ **voir** [vwaːr] 動 見る・見える；会う；分かる（▶p.66参照）
- □ **la vue** [vy] f 見ること；視力・視覚；眺め・見晴らし；見方・見解

  ＊この語は英語に入ってview（意見・見解；眺め）になりました。もとは「見ること」と「見られたもの」の2つから意味が広がったもので、「視力・視覚」は前者から、「眺め」や「見方・見解」は後者から発展し、英語ではこちらの意味が主になりました。「視力・視覚」はもともとの英語であるsightと重なるため弱くなったのです。viewpoint（観点・見地）はフランス語でpoint de vueです。

第3章 「語形」で覚える

❹ 意味の違う２つの派生語を持つ語

　動詞 produire は「生産する」という意味ですが、この語に対応する名詞としては「生産」の意味の production と「生産物；製品」の意味の produit が考えられます（後者は「生産された」という過去分詞が名詞化したものです）。このようにある動詞に関連する意味の違った２つの語を同時に覚えると、効果的に語彙を増やすことができます。

CD2・Track 17

- □ **la production** [prɔdyksjɔ̃] f 生産
- ▲
- □ **produire** [prɔdɥiːr] 動 生産する；生み出す；引き起こす
- ▼
- □ **le produit** [prɔdɥi] m 生産物・製品

- □ **l'exposition** [ɛkspozisjɔ̃] f 展示会・展覧会
- ▲
- □ **exposer** [ɛkspoze] 動 展示する；(意見や考えを) 述べる
- ▼
- □ **l'exposé** [ɛkspoze] m (研究) 発表；報告

- □ **l'usage** [yzaːʒ] m 使用；用途；習慣
- ▲
- □ **user** [yze] 動 使う；消費する
- ▼
- □ **usé, e** [yze] 形 使い古された；すり切れた

- □ **l'arrêt** [arɛ] m 停止・停車；(バスの) 停留所
- ▲
- □ **arrêter** [arɛte] 動 止める・やめる；逮捕する
- ▼
- □ **l'arrestation** [arɛstasjɔ̃] f 逮捕・拘留

□ **la garde** [gard]　f　保管・管理；監視
　＊男性名詞のle gardeは「番人；ガードマン」です。
▲
□ **garder** [garde]　動　保存・保管する；守る・見張る
▼
□ **le gardien** [gardjɛ̃] ᵐ, **la gardienne** [gardjɛn]　f
　管理人・守衛；ゴールキーパー

□ **la réserve** [rezɛrv]　f　ストック；保留；つつしみ・遠慮
▲
□ **réserver** [rezɛrve]　動　取っておく；予約する；保留する
▼
□ **la réservation** [rezɛrvasjɔ̃]　f　予約

□ **l'image** [ima:ʒ]　f　(鏡などに映る)像；(本などの)絵・イラスト；似姿・イメージ
▲
□ **imaginer** [imaʒine]　動　イメージを描く；想像する；思いつく
▼
□ **l'imagination** [imaʒinasjɔ̃]　f　想像(力)

□ **imprimer** [ɛ̃prime]　動　印刷する；出版する
▼
□ **l'impression** [ɛ̃presjɔ̃]　f　印象；印刷
▼
□ **impressionner** [ɛ̃presjɔne]　動　強く印象づける；感動を与える

第3章　「語形」で覚える

第2部「英語との比較」で覚える

　フランス語学習者の多くは、英語を学んだ経験を持っていると思われます。そこでフランス語の単語の中に、英語と似たものが多いことにもすぐに気がつくでしょう。実はその多くはフランス語が英語に入ったものなのです。それは1066年に起こった「ノルマン人の征服」が大きな原因の1つです。

　フランス北岸にある現在のノルマンディー地方に、9世紀頃から北欧のゲルマン人（いわゆるバイキング）が侵入し、912年にはフランスからノルマンディー公国を与えられ定住しました。ノルマンディーとは「北の人の土地」という意味です。そして1066年ノルマンディー公ウィリアムはイギリスに侵入し、征服王ギヨーム Guillaume le Conquérant （英語では征服王ウィリアム William the Conqueror）となってイギリスを支配し、イギリスの上流階級はフランス語を使うようになったのです。この事態は1204年のノルマンディー喪失まで続き、英語には大量のフランス語が入り込んだのです。その結果、英語とフランス語に見られる共通の語彙は、英語からフランス語に入ったものやラテン語が直接それぞれの語に入ったものより、フランス語から英語に入ったものが圧倒的に多いのです。

　それらの語は、とりわけ語尾が英語化され変化したのですが、多くはフランス語との間に一定の対応関係が見られます。フランス語から英語に入ったもの以外に、同じラテン語からそれぞれの言語が取り入れたものも同様に語形の対応が見られます。逆に英語からフランス語に比較的最近入った語は、英語とまったく、あるいはほぼ同じつづりのものもありますが、発音や意味の違いには注意が必要です。以下にそうした語をまとめてみましょう

❶ 英語との間に一定の対応関係があるもの

① 語尾の -é／-e／-ée が英語で -y となる　　CD2・Track 18

〈-té ⇔ -ty〉

□ **la nationalité** [nasjɔnalite] (**nationality**)　f 国籍

- ☐ **la possibilité** [pɔsibilite] (**possibility**) f 可能性

- ☐ **la qualité** [kalite] (**quality**) f 質；資質・長所

- ☐ **la quantité** [kɑ̃tite] (**quantity**) f 量・数量

- ☐ **la sécurité** [sekyrite] (**security**) f 安心；安全；保障

- ☐ **la société** [sɔsjete] (**society**) f 社会；会社；協会

- ☐ **la spécialité** [spesjalite] (**speciality**) f 専門；特産品

- ☐ **la variété** [varjete] (**variety**) f 多様性・変化；(複数で) ポップス；ヴァラエティーショー

- ☐ **l'université** [ynivɛrsite] (**university**) f 大学

- ☐ **la faculté** [fakylte] (**faculty**) f 能力；大学・学部 (この意味では la fac と略し、日常 université よりもよく使います)

〈-oire/-aire ⇔ -ory/-ary、-ée ⇔ -(e)y〉

- ☐ **l'histoire** [istwaːr] (**history**) f 歴史；物語・話；出来事
  ＊複数で使うと「でたらめな作り話」や「面倒なもめごと」を意味します。

- ☐ **la mémoire** [memwaːr] (**memory**) f 記憶 (力)；(死後の) 名声

- ☐ **la gloire** [glwaːr] (**glory**) f 栄光；名誉

第3章 「語形」で覚える

- □ **la victoire** [viktwa:r] (**victory**) f 勝利

- □ **l'anniversaire** [anivɛrsɛ:r] (**anniversary**) m 記念日；誕生日

- □ **le dictionnaire** [diksjɔnɛ:r] (**dictionary**)
  m 辞書；辞典；事典

- □ **le (la) secrétaire** [s(ə)kretɛ:r] (**secretary**)
  m f 秘書；書記(官)

- □ **contraire** [kɔ̃trɛ:r] (**contrary**) 形 反対の・逆の

- □ **militaire** [militɛ:r] (**military**) 形 軍隊の・軍の；軍事的な

- □ **l'armée** [arme] (**army**) f 軍隊

- □ **la vallée** [vale] (**valley**) f 谷；谷間；流域

② 語尾の-eurが英語の-orに、-euxが英語の-ousになる

● -eurの語尾を持つものは名詞と形容詞とがあります。形容詞の場合女性形は-eureとなります。-euxという語尾を持つものは形容詞で、女性形は-euseです。

CD2・Track 19

- □ **l'acteur** [aktœ:r] (**actor**) m 俳優
  l'actrice [aktris] (**actress**) f 女優

- □ **l'horreur** [ɔrœːr] (**horror**) f 恐怖；嫌悪

- □ **l'honneur** [ɔnœːr] (**honor**) m 名誉；敬意

- □ **intérieur, e** [ɛ̃terjœːr] (**interior**) 形 内部の；国内の
- □ **extérieur, e** [ɛksterjœːr] (**exterior**) 形 外部の；外国との・対外的な

  ＊上の２つは名詞化してそれぞれ l'intérieur m （内部）、l'extérieur m （外部）という語として用いられます。

- □ **supérieur, e** [syperjœːr] (**superior**) 形 上の；優れた；上級の

- □ **inférieur, e** [ɛ̃ferjœːr] (**inferior**) 形 下の；劣った；低い

- □ **curieux, se** [kyrjø, -øːz] (**curious**) 形 好奇心の強い；奇妙な

- □ **généreux, se** [ʒenerø, -øːz] (**generous**) 形 気前のよい；寛大な

- □ **précieux, se** [presjø, -øːz] (**precious**) 形 貴重な・高価な

- □ **sérieux, se** [serjø, -øːz] (**serious**) 形 真面目な・真剣な；本気の；深刻な

第3章 「語形」で覚える

③ 発音されない語尾の-s/-t/-xが英語で-ss/-ct/-ceになる

CD2・Track 20

〈-ès ⇔ -ess〉

- □ **l'excès** [ɛksɛ] (**excess**) m 過度・過剰；（複数で）行き過ぎ；暴飲暴食

- □ **le progrès** [prɔgrɛ] (**progress**) m 進歩；上達

- □ **le succès** [syksɛ] (**success**) m 成功

〈-et/-ait ⇔ -ect/-act（-ect）〉

- □ **l'effet** [efɛ] (**effect**) m 結果；効果；印象
  * en effet（確かに；実際）

- □ **le projet** [prɔʒɛ] (**project**) m 計画・企画；草案

- □ **l'objet** [ɔbʒɛ] (**object**) m もの・品物；対象；目的；目的語

- □ **le sujet** [syʒɛ] (**subject**) m 主題・テーマ；主語

- □ **le fait** [fɛ] (**fact**) m 起こったこと・事実
  * au fait（ところで）、en fait（実は）

- □ **parfait, e** [parfɛ, -fɛt] (**parfect**) 形 完全な；申し分ない

〈-x ⇔ -ce〉

- □ **le prix** [pri] (**price**) m 値段・価格；賞

☐ **la paix** [pɛ]（**peace**）　f 平和；講和；平穏

☐ **la voix** [vwa]（**voice**）　f 声；歌声；（選挙の）票

④ 発音される語尾子音の音やつづりが多少変化する

● -que で終わる名詞は英語の-c/-(c)k と、-que、-if で終わる形容詞はそれぞれ英語の-cal、-ive で終わる語と対応しているものが多くあります。また -taille、-teille は英語で-ttle になり、-ère と-(子音字)re はともに英語で-er となるものが多くあります。

📀 CD2・Track 21

〈-que ⇔ -c/-(c)k〉

☐ **la banque** [bɑ̃:k]（**bank**）　f 銀行

☐ **le chèque** [ʃɛk]（**check**）　m 小切手

☐ **la république** [repyblik]（**republic**）　f 共和国・共和制

☐ **le risque** [risk]（**risk**）　m 危険

☐ **la technique** [tɛknik]（**technic**）　f 技術；技巧
 ＊このままの形で形容詞として「技術上の；専門的な」（英語の technical）の意味で使えます。

〈-que ⇔ -cal、-f ⇔ -ve〉

☐ **critique** [kritik]（**critical**）　形 危機的な；決定的な；批判的な

☐ **logique** [lɔʒik]（**logical**）　形 論理的な；道理にかなった
 ＊女性名詞の la logique は「論理・筋道」。

第3章 「語形」で覚える

195

- □ **acti_f, ve_** [aktif, -iːv] (**acti_ve_**) 形 活動的な；(薬などが) 効き目・効果のある

- □ **passi_f, ve_** [pasif, -iːv] (**passi_ve_**) 形 受身の；消極的な

- □ **naï_f, ve_** [naif, -iːv] (**nai_ve_**) 形 お人よしの・ばか正直な；純朴な

⟨-taille/-teille ⇔ -ttle⟩

- □ **la ba_taille_** [bataːj] (**ba_ttle_**) f 戦闘・戦い；争い・けんか

- □ **la bou_teille_** [butɛːj] (**bo_ttle_**) f びん

⟨-ère/-(子音)re ⇔ -er⟩

- □ **la bi_ère_** [bjɛːr] (**be_er_**) f ビール

- □ **le cara_ctère_** [karaktɛːr] (**chara_cter_**) m 性格・性質；特徴；文字

- □ **la fron_tière_** [frɔ̃tjɛːr] (**fron_tier_**) f 国境；境界

- □ **la fi_èvre_** [fjɛːvr] (**fe_ver_**) f 熱；熱中・興奮

- □ **la le_ttre_** [lɛtr] (**le_tter_**) f 手紙；文字；(複数で) 文芸

- □ **le mè_tre_** [mɛtr] (**me_ter_**) m メートル

☐ **le théâtre** [tɑːtr] (**theater**) m 演劇・芝居；劇場・劇団
＊meter や theater は、center などと同様イギリス英語では metre、theatre と、フランス語のつづりを保っています。

⑤ 語頭・語中の音やつづりの対応

● ラテン語で、語頭が〈s + 子音〉の組み合わせであった語は、古いフランス語から英語に入っても 2 つの子音をそのまま保存しました。ところがその後フランス語では、2 つの連続した子音は発音しにくいためその前に母音を追加して音節を 2 つに分けるようになり、〈es + 子音〉に変化しました。その結果ラテン語の spatium は英語では space ですがフランス語では espace になり、species は英語で spice、フランス語で épice となりました。後者は espice からさらに s が落ちたもので、フランス語ではこのように s も落ちた形のほうが多いのです。

また、語中にあった s が落ちたときには、その前の母音字に ˆ というアクサン記号をつけるようになりました。英語の interest とフランス語の intérêt を比べればよく分かると思います。

CD2・Track 22

〈e(s) + 子音字 ⇔ s + 子音字〉

☐ **l'écran** [ekrɑ̃] (**screen**) m スクリーン・映画；画面・ディスプレー

☐ **l'espace** [ɛspas] (**space**) m 空間・場所；宇宙；間隔

☐ **l'esprit** [ɛspri] (**spirit**) m 精神・知性；才気・機知

☐ **l'estomac** [ɛstɔma] (**stomach**) m 胃

☐ **l'étage** [etaːʒ] (**stage**) m (建物の) 階；段・層
＊語形は stage に対応しますが、意味は英語の floor です。

☐ **l'état** [eta] (**state**) m 状態；社会的状態・職業；法的身分；(État で) 国家・(アメリカの) 州

- □ **l'épice** [epis] (**sp**ice) f 香辛料・スパイス

⟨-^- ⇔ -s-⟩

- □ **la fête** [fɛt] (**fe**ast *cf.* **fe**stival) f 祭り・祝日；祝宴・催し

- □ **la forêt** [fɔrɛ] (**for**est) f 森・森林

- □ **l'hôpital** [o(ɔ)pital] (**hosp**ital) m (複 hôpitaux) 病院
- □ **l'hôtel** [o(ɔ)tɛl] (**ho**stel) m ホテル；公共建築物

  ＊英語のhostelは移住者や季節労働者のための廉価な宿ですが、フランス語のほうはいわゆる「ホテル」と、公共の建築物も指し、Hôtel de villeといえば「市役所」です。英語のhotelは近代になってsが落ちたフランス語を取り入れたもので、つまり違う時代に同じ語を二度取り入れたのです。実はsのあったhostelのさらに古い形はhospitale（客 [のため] の）で、もうお分かりの通りここからhôpitalができました。「病院」とはhospitalis domus（客を迎え入れる建物）で、ホテルと病院は兄弟なのです。

- □ **le château** [ʃɑto] (**ca**stle) m 城・宮殿；館・大邸宅；城塞

- □ **l'intérêt** [ɛ̃terɛ] (**inter**est) m 興味・関心；面白さ・重要性；
  利益・利害；利子・利息

- □ **l'île** [il] (**is**le) f 島

  ＊英語のisleは「小島」で、詩的な表現ですが、フランス語のほうはごくふつうの語で、むしろ英語のislandに当たります。ただしîleとislandは関係がなく、islandのsはこの語がisle同様ラテン語のinsulaから来たものと誤解され16世紀に誤って「復元」されたものです。

- □ **le maître** [mɛtr]（**m**aster）m, **la maîtresse** [mɛtrɛs]
（**mi**stress）f 先生・師匠；巨匠；主人・持ち主・飼い主

- □ **la pâte** [pɑːt]（**paste**）f 小麦粉を練った生地；
（複数で）めん類・パスタ

- □ **la tempête** [tɑ̃pɛt]（**temp**est）f 嵐・暴風雨

- □ **coûter** [kute]（**cost**）動 値段が〜になる
  ＊coûter + 値段 + à qn.（人にその値段を払わせる）

- □ **honnête** [ɔnɛt]（**hon**est）形 正直な・誠実な；正当な・妥当な

❷ 英語のつづりとわずかに違うもの

　以上のように規則的に対応する単語以外に、フランス語と英語でわずか1、2文字だけ違うものはたくさんあります。アクサン記号の有無など違いのはっきりしたものもありますが、フランス語 ex**e**mple と英語 ex**a**mple のように母音字が1字だけ違うものや、mar**i**age のように英語では2つの子音字がフランス語では1つのものなどは、英語の知識がある人ほど間違えやすいのです。ここではこうした単語をまとめて、下線部の違いに注意しながら覚えてみましょう。

CD2・Track 23

- □ **la circ**o**nstance** [sirkɔ̃stɑ̃ːs]（**circu**mstance）
f 状況・事態・事情

- □ **l'ex**e**mple** [ɛɡzɑ̃ːpl]（**ex**ample）m 例・実例；手本
  ＊par exemple は「例えば」ですが、驚きや憤慨を表す間投詞として
  《Par exemple !》（なんですって！）という使い方もあります。

第3章 「語形」で覚える

- ☐ **le détail** [detaj] (**detail**) m 細部・詳細；小売

- ☐ **le rôle** [roːl] (**role**) m 役割・機能；(芝居の) 役・セリフ

- ☐ **le système** [sistɛm] (**system**) m 方法・方式；制度；系

- ☐ **le problème** [prɔblɛm] (**problem**) m (解決すべき) 問題・難問

- ☐ **l'idée** [ide] (**idea**) f 思いつき・アイデア；考え・意見

- ☐ **la leçon** [l(ə)sɔ̃] (**lesson**) f 授業・レッスン；(教科書の) 課；教訓

- ☐ **l'exercice** [ɛgzɛrsis] (**exercise**) m 運動；練習・訓練；練習問題

- ☐ **la valeur** [valœːr] (**value**) f 価値・値打ち；資質・能力

- ☐ **le papier** [papje] (**paper**) m 紙；(複数で) 書類；身分証明書

- ☐ **le calendrier** [kalɑ̃drije] (**calendar**) m カレンダー・暦；予定表

- ☐ **le marchand** [marʃɑ̃] m **, la marchande** [marʃɑ̃ːd] f (**merchant**) 商人
  * ふつう marchand(e) de vin (酒屋)、marchand(e) de poisson (魚屋) のように de をともなって使い、単に「商人」というときは commerçant(e) を使います。

☐ **le bagage** [baga:ʒ] (**ba**gg**age**)
　m （ふつう複数で、旅行などの）荷物

☐ **le dommage** [dɔma:ʒ] (**damage**)　m 損害・被害；残念なこと
　＊《C'est dommage.》（それは残念です）

☐ **la compagnie** [kɔ̃paɲi] (**compan**y)
　f 一緒にいること・同伴・同席；（商社や保険などの）会社

☐ **la ligne** [liɲ] (**li**n**e**)　f 線；輪郭；路線；回線；（文章の）行

☐ **l'alcool** [alkɔl] (**alcoh**ol)　m アルコール；酒類
　＊これはフランス語と英語が、アラビア語からできた中世ラテン語alkohol （alcohol）をそれぞれ取り入れたものです。alはアラビア語の定冠詞で、algèbre（代数学）やalcali（アルカリ）の語頭にも見られます。

☐ **l'huile** [ɥil] (**o**i**l**)　f 油；オイル

☐ **le marché** [marʃe] (**marke**t)　m 市場(いちば)・市；（商品の）市場(しじょう)；取引
　＊この語はmarcher（歩く）の過去分詞と同形ですが、無関係です。もとはラテン語のmercatus（商取引）で、次第に販売・流通の経路や商取引の場を表すようになりました。「よい取引で（à bon marché）手に入れる」とはすなわち「安く買う」ことで、àを省略した形のbon marchéは不変化の形容詞句として「安い」の意味で使われます。また、「より安い」はmeilleur marchéです。

☐ **confortable** [kɔ̃fɔrtabl] (**com**fortable)　形 快適な・心地よい

☐ **moderne** [mɔdɛrn] (**modern**)　形 現代の；近代的な・モダンな

第3章 「語形」で覚える

❸ 英語とつづりが同じ語

　フランス語と英語でつづりが同じ語は、2つのグループに分けられます。1つはフランス語から英語に入り、つづりが変化しなかったもの、もう1つは比較的最近になって英語からフランス語に入った、いわば「外来語」です。前者はあくまでつづりが同じだけなので、発音の違いには十分な注意が必要です。後者は英語をそのまま取り入れたので、発音も英語に近いのですが、やはり英語とまったく同じではなく「英語式」の発音という感じです。

① フランス語から英語に入り、つづりが変わらなかったもの

CD2・Track 24

- □ **la chance** [ʃɑ̃ːs] (**chance**) f 運・偶然；幸運；機会・可能性

- □ **la date** [dat] (**date**) f 日付・月日；(重要な) 日・出来事

- □ **l'effort** [efɔːr] (**effort**) m 努力

- □ **le fruit** [frɥi] (**fruit**) m 果物・果実；成果・結果；(複数で) 収穫

- □ **le message** [mesaːʒ] (**message**) m 伝言・メッセージ

- □ **la surprise** [syrpriːz] (**surprise**) f 驚き；思いがけない贈り物・喜び

- □ **rare** [rɑːr] (**rare**) 形 まれな・珍しい；数少ない

- □ **unique** [ynik] (**unique**) 形 唯一の；比類ない；特異な

② 英語をそのまま取り入れたもの　CD2・Track 25

□ **le stop** [stɔp] m 停止標識；ブレーキランプ；ヒッチハイク
＊「停止」（フランス語のarrêt）の意味はありません。ヒッチハイクはauto-stopともいいます。「ヒッチハイクをする」はfaire du stopで、部分冠詞がつきます。また、「止まれ！」《Stop!》という間投詞としても使います。

□ **le steak** [stɛk] m ステーキ
＊発音は[stɛk]で、beefsteakからできたbifteckという語もあり、日本語のビフテキと音が似ています。ステーキにフライドポテトpommes frites (pomme de terreのde terreは省略、またfritesだけでもフライドポテトの意味) を添えたものをsteak fritesといいます。

□ **le jean** [dʒin] m ジーンズ・ジーパン；デニム
＊人名のJeanと同じ字ですが、発音は[dʒin]で、鼻母音にはなりません。単数でもsをつけてjeans [dʒins]ということもあり、blue-jean（ブルージーンズ）ともいいます。

□ **le tee-shirt** [tiʃœrt] m ティーシャツ
＊T-shirtとつづることもあり、どちらも発音は[tiʃœrt]です。

□ **le sport** [spɔːr] m スポーツ、競技
＊これは19世紀に英語から入った語ですが、もとは「遊び；楽しみ」という意味で、実は古いフランス語のdesport（気晴らし）が英語でdisportとなり、語頭のdi-が消えてできたものなのです。つまりフランス語はこの語を逆輸入したことになります。

第3章 「語形」で覚える

203

❹ 注意を要する「にせの友」

　フランス語と英語の間には、もとは同じ語から派生していてもそれぞれの言語で独自の使い方をされ、意味にずれが生じてしまったものがあります。それらは形は対応していても、まったく同じ意味で使うことはできません。中にはかなり違った意味のものもあり、安易な置き換えは誤解のもととなります。顔は似ていても中身の違うそうした語は「にせの友　faux amis」と呼ばれることがあります。ここではそのような語を英語と比較しながら見ていきましょう。

CD2・Track 26

□ **fameux, se** [famø, ø:z] (**famous**)
形 (名詞の前で) 例の・話題の；飛びぬけた
＊形は英語のfamousに対応しますが、今日では口語的な表現で、「有名な」という意味で使うのは文語的あるいは皮肉な感じです。「有名な；著名な」はcélèbreやconnu, eを使います。

□ **le (la) fonctionnaire** [fɔ̃ksjɔnɛːr] (**functionary**)
m　f　公務員
＊英語で「公務員」を意味するふつうの語はofficialで、functionaryは「公務員」というより「職員」「役人」といった感じで、あまりよい響きではないようですが、フランス語のほうはごくふつうの語です。

□ **l'expérience** [ɛksperjɑ̃ːs] (**experience**)
f　経験・体験；実験・試み
＊「経験・体験」の意味では英語とほぼ同じですが、英語のexperimentの意味も持った語です。

□ **le hasard** [azaːr] (**hazard**)　m　偶然；運
＊英語のhazardは第一に「危険」の意味ですが、フランス語では今はこの意味で使われることはあまりありません。これはもともとサイコロを振って出る目のように、偶然や運によって起こる出来事のことで、現在はpar hasard（偶然に；たまたま）、au hasard（行きあたりばったりに）といった成句でよく使われます。

● 以下の語は、英語とフランス語の意味がかなり違うので、特に注意が必要です。

- **la librairie** [libreri] f 書店；出版社
- **la bibliothèque** [biblijɔtɛk] f 図書館・図書室；書棚；蔵書

　＊英語のlibraryにあたる語はフランス語ではbibliothèqueで、語形の似たlibrairieは「書店」や「出版社」を意味します。「本屋（を営む人）・書籍商」はlibraire（男女同形）です。

- **la drogue** [drɔg] f 麻薬・覚せい剤
- **le médicament** [medikamɑ̃] m 薬・薬剤

　＊英語のdrugは麻薬や覚せい剤のほか、「薬品」を意味することもあり、drugstoreという語もありますが、フランス語のdrogueは一般の薬を意味しません。英語でも一般には薬をmedicineというのがふつうで、それにあたる語がmédicament、近代的な薬剤以外の民間的な治療薬や治療法まで広く意味するのがremèdeです。

● このような語以外に、英語とフランス語でまったく関係がなく、たまたま形が似ているものもあります。

- **la boxe** [bɔks] f ボクシング
- **la boîte** [bwat] f 箱・缶；缶詰

　＊boxeは英語のboxと似ていますが、「箱」ではなく「ボクシング」です。「箱」はboîteといい、これはギリシャ語の「つげの木」からできた「木箱」を意味するラテン語でしたが、現在は金属製の缶も指します。英語のboxも実は同じラテン語から英語に入ってできたもので、boîteとboxは従妹くらいの関係です。

- **sale** [sal] 形 汚れた・汚い；（名詞の前で）いやな；不愉快な

　＊英語のsale（安売り・バーゲン）に当たるフランス語はsoldeで、「バーゲンで〜を買う」はacheter 〜 en soldeです。また、複数で使うと「バーゲン品・見切り品」のことになります。
　　saleは英語のdirtyに近い語で、「汚れた；汚い」ということですが、口語的な表現で名詞の前に置き「いやな；不愉快な」という意味にもなります。un sale typeは「いやなやつ」で、《Quel sale temps!》なら「なんていやな天気だ！」です。

第3章 「語形」で覚える

第3部 「語形が同じ語・似た語」で覚える

　学習の初歩の段階では、つづりの同じ語や似た語がまぎらわしく、覚えにくいと感じるかもしれません。そこで一度そうした語を整理する機会を作っておきましょう。

❶ 語形が同じ語

　同形の語は、もともと同じ語が意味や品詞の分化によって違う単語になったものと、関係のない語がたまたま同じ形になったものとがあります。

① 品詞が変わって2語となったもの　　CD2・Track 27

● 動詞や形容詞が名詞化されてできた語は少なくありません。

□ **rire** [riːr] 動 笑う
□ **le rire** [riːr] m 笑い

□ **froid, e** [frwa, frwad] 形 寒い・冷たい；冷淡な
□ **le froid** [frwa] m 寒気；寒さ・冷たさ；冷淡さ
　＊avoir froid（寒い）やattraper froid（風邪をひく）のfroidはこちらの名詞のほうです。

□ **politique** [pɔlitik] 形 政治の・政治上の
□ **la politique** [pɔlitik] f 政治；政策

□ **pratique** [pratik] 形 実践的・実用的な；便利な
□ **la pratique** [pratik] f 実践・実用

□ **secret, ète** [s(ə)krɛ, -ɛt] 形 秘密の
□ **le secret** [s(ə)krɛ] m 秘密；秘訣

□ **rond, *e*** [rɔ̃, rɔ̃:d] 形 丸い
□ **le rond** [rɔ̃] m 円・輪

□ **public, *que*** [pyblik] 形 公の；国家の；公開の
□ **le public** [pyblik] m 公衆；観客・聴衆

□ **courant, *e*** [kurɑ̃, -ɑ̃:t] 形 流れる（ような）；目の前を進む・現在の；日常的な・ふつうの（▶p.184参照）
□ **le courant** [kurɑ̃] m （水や空気、電気の）流れ；流行・トレンド
　＊être au courant de ～は「～に通じている；～を知っている」。

□ **étrang*er, ère*** [etrɑ̃ʒe, -ʒɛ:r] 形 外国の；よその；無関係な
□ **l'étranger** [etrɑ̃ʒe] m **, l'étrangère** [etrɑ̃ʒɛ:r] f 外国人
　＊語形は英語のstrangerに対応しますが、意味はforeignerに近い語です。

② 意味が分かれて2語となったもの　　CD2・Track 28

● 早い段階で意味が分かれ、現在では別の語と認識されているものもあります。

□ **le vol** [vɔl] m 飛行
□ **le vol** [vɔl] m 盗み・窃盗
　＊まるで意味の違うこの2語ももとは1つで、動詞のvolerも「飛ぶ」と「盗む」の両方があります。ラテン語のvolare（飛ぶ）からできたvolerの名詞形がvolです。「盗む」ほうのvolerは、鷹などの猛禽類が獲物を捕らえて飛び去る姿からの連想でしょう。初めは鷹狩りをする猟師たちの「業界用語」だったのかもしれません。

- □ **la poste** [pɔst] f 郵便；郵便局（= bureau de poste）
- □ **le poste** [pɔst] m 地位・職；部署・持ち場；派出所

  ＊これはどちらも「置く」というラテン語の動詞の過去分詞が、イタリア語を経由してフランス語に入ったものです。ただし前者は女性形、後者は男性形で、イタリア語では現在も posta、posto と形が違うのですが、フランス語では語尾の母音が弱まって同じ音になってしまいました。女性形の poste はもともと駅馬車や早馬、あるいは宿駅を指していたのがしだいに「郵便」の意味になりました。ちなみにいわゆる「ポスト」（郵便受け）は poste ではなく boîte aux lettres といいます。男性形の poste は「置かれた場所」をもとに上のような意味になるのは自然に理解できるでしょう。それ以外にはラジオ、テレビの「受信機（受像機）」や電話の「内線」の意味もあります。

- □ **l'air** [ɛːr] m 空気・大気；風；空；雰囲気
- □ **l'air** [ɛːr] m 様子；外観；態度

  ＊この2語はつづりも性も同じで、「雰囲気」と「様子」の意味も近いので、別の語と意識しない人もあるかもしれません。「空気」が外気や風、空などの意味へと広がっていくのは不思議ではないでしょう。また、比喩的に「その場の空気」、つまり雰囲気を指すのも理解できると思います。それがさらに「様子；見た目；態度」などの意味へ広がり、2つの語と考えられるようになったといわれます。

  もっとも学習者は現在の air が持つ意味と用法をよく理解することの方が大切でしょう。特に〈avoir l'air + 形容詞〉（〜の様子である；〜のように見える）という表現では、air が男性名詞なのに形容詞は主語の性数に一致する場合が多い、ということは知っておくべきです。例えば「彼女は疲れている様子だ」は《Elle a l'air fatiguée.》となりますが、ただ、主語が人の場合はこの一致は必要ないという意見もあり、《Elle a l'air fatigué.》でもよいようです。

③ 無関係な語が同じ形になったもの

● ラテン語や古いフランス語では形が違っていた2語が、語形が変化した結果同じ形になってしまうこともあります。

CD2・Track 29

□ **le tour** [tuːr] m ひと回り；回転；順番
□ **la tour** [tuːr] f 塔；高層ビル

＊男性名詞はラテン語でtornus、女性名詞のほうはturrisとまったく違う形でしたが、それぞれが変化して結果的に同形になりました。tornusは旋盤やろくろなど回転する道具のことでしたが、後に「回転」そのものを指すようになり、回ってくる「順番」の意味でもよく使います。いわゆる「ツアー（団体旅行など）」はtourとはいわず、voyage organiséといいます。ただし英語の影響でtourisme（観光）、touriste（観光客）はフランス語でも使います。

□ **le livre** [liːvr] m 本
□ **la livre** [liːvr] f （計量単位）リーヴル；500グラム

＊これも同じ形ですが関係はありません。男性名詞のlivreはラテン語でliber（本）、女性名詞のほうはlibra（秤）からできた重さの単位です。余談ですが、このlibraの一種である「水平をはかる器具 libella」からできたのが英語のlevelです。

□ **la poêle** [pwal] f フライパン
□ **le poêle** [pwal] m ストーブ

＊この2つの語は、発音がどちらも[pwal]となることに注意が必要です。女性名詞のほうはラテン語のpatella（祭祀用の器；平皿）が「調理用の鍋」へと変化したもので、途中のpaeleという古いフランス語の形がスペイン語に入ってできた語が、バレンシア地方発祥の料理「パエーリャ paella」です。

男性名詞のほうは少し複雑で、「つるす」というラテン語の動詞pendere（フランス語のpendre）の過去分詞pensilisからきています。何が「つるされた」のかというと、実は「部屋」だったのです。暖房のために床下に発熱用の設備を作り、その上に「つり下げられた」ように高い位置に作られた部屋、という意味で「暖房部屋」を「つり下げ部屋」と呼んでいたのが、そのうち「暖房」そのものを指すのに「つり下げ」という語を用いるようになったわけです。

□ **le rayon** [rɛjɔ̃] m 光線；(複数で) 放射線；(円の) 半径

□ **le rayon** [rɛjɔ̃] m 棚・棚板；(デパートの) 売り場

＊「光線」のrayonは「ラジオ」や「ラジウム」のもとにもなったラテン語radiusがもとで、これは「細い棒」のことでしたが、すでにラテン語の段階で車輪のスポークや放射状に広がる光も意味するようになっていました。

「棚板」のほうは、ミツバチの巣板のことで、今でもその意味を持っていますが、整理用の棚板や棚そのものを指すようになり、比喩的にデパートの「売り場」も意味するようになりました。

ちなみに繊維の「レーヨン」はフランス語でrayonneといい、これは人工的な絹として発明されたこの繊維の光沢から、フランス語のrayonをその名にしたものらしいのですが、英語式に発音されたものが逆輸入されフランス語でrayonneとなりました。

□ **la mode** [mɔd] f 流行；モード

□ **le mode** [mɔd] m 方法・やり方；(動詞の) 法

＊もとは同じラテン語の男性名詞modusです。フランス語では語尾の音が弱まってmodeとなったため、eで終わる女性名詞と認識されるようになりました。これはよくあるケースで、女性名詞のnouvelle（知らせ；ニュース）も、形容詞nouveauの女性形が名詞になったのではなく、「新しく伝えられたこと」という中性複数のnovellaが女性形と受け取られてできたものです。

このmodeが日常的、具体的な意味に限定されて使われるようになったため、その後抽象的な「方法」を示す語としてあらためて同じmodusを取り入れ、こちらは男性名詞のまま今日まで残りました。

❷ 語形が似た語　　CD2・Track 30

　形の似た語は、初めのうちまぎらわしく、どちらがどちらかわからなくなりがちですが、それらも同じ１つの語から分かれてできていることが多いので、その関係を知っておくと覚えやすくなります。

□ **le port** [pɔːr] m 港

□ **la porte** [pɔrt] f 出入り口；門；城門；扉・ドア

　＊あるフランス小説の翻訳に、場面は家の中なのに主人公の女性が「港へ向かって走り出す」という箇所がありました。もちろん訳者が porte と port を見間違えたのでしょう。形の似たこの２つの語は、うんとさかのぼれば「通ること；通過できる状態・場所」という１つの意味にたどり着きます。外から建物の中に入る場所が「出入り口」や「門」で、城壁のある街に入るには「城門」を通ることになります。そこから「扉・ドア」の意味にもなったのですが、建物や部屋の出入り口なら、扉がなくとも porte です。また、海から船で陸地（国や街）に入る場所が port で、それからできた passeport が「港に入る許可証」、aéroport が「空の港→空港」なのは自然に理解できるでしょう。

《関連語》

□ **le passeport** [pɑspɔːr] m パスポート

□ **l'aéroport** [aerɔpɔːr] m 空港

□ **moral, e** [mɔral] 形 道徳的な；道徳・倫理上の；精神的な

□ **le moral** [mɔral] m 士気；気力；気概

□ **la morale** [mɔral] f 道徳；教訓

　＊これらの語はラテン語の「mos に関する」という意味の形容詞 moralis からできました。mos は何かをしようという意思や欲求で、そこから自分の意思でいつもおこなう行為、生活習慣、さらには個人の気質や社会的、伝統的慣習など広い意味を持った語です（この mos の複数形 mores がフランス語の mœurs になりました）。形容詞 moral は大別すると「精神の；心に関する」という意味と「道徳・倫理に関する」という２つの意味を持っていて、前者が男性名詞 moral になり、後者が女性名詞 morale になりました。

- □ **la part** [paːr] f 部分；分け前・取り分；分担
- □ **la partie** [parti] f 一部分；試合・勝負；パーティー
- □ **le parti** [parti] m 党・政党；党派

＊この3つのよく似た語は、さかのぼれば同じところにたどり着くのですが、partは「部分」というラテン語の名詞から来ているのに対し、partieとpartiは「部分に分けられた」という過去分詞が名詞化したものです（余談ですが、古い動詞のpartire [分ける] はその後フランス語でpartir（出発する）になりました。もとは「ある場所・土地から別れる・離れる」ことだったのです。日本語の「分ける」と「別れる」も同根です）。

　使い分けとしては、partが一人分の分け前や分担部分を表し、partieは全体の一部分という意味で使われるのが基本です。もちろんそれぞれに固有の意味・用法もあり、d'une part 〜, d'autre part 〜（一方では〜、他方では〜）はよく使われますし、nulle part（どこにも〜ない）、quelque part（どこかに）といった場所を表す表現も重要です。partieは「ある目的のために分けられた（集められた）集団」ということから、その目的の中でも特に「娯楽・ゲーム（勝負）」あるいは「パーティー」そのものを指すようになりました。partiは今のフランス語ではもっぱら「党（政党）」「党派」のことですが、prendre le parti de 〜（〜の立場を取る；決心する）という表現には「分け与えられた立場」という古い意味が残っています。

- □ **moyen, _ne_** [mwajɛ̃, -jɛn] 形 中間の；並の；平凡な
- □ **le moyen** [mwajɛ] m 手段・方法；（複数で）財力・能力
- □ **la moyenne** [mwajɛn] f 平均・平均値

＊「中間の」という形容詞が「平均」になるのは理解できるでしょうが、男性名詞のmoyen（手段；方法）はどういう経緯でこの意味になったのでしょう。それはやはり「中間の」という意味からで、「ある目的地までの中間地点」ということから「目標に到達するために通る道、使う手段・方法」へと変わっていったのです。複数形にするとその手段を具体的に表します。目的達成のために必要な手段は「能力；才能」の場合もあるはずですが、現実にはお金がモノをいうことが多いせいか、もっぱら「財力」の意味で使います。

　ちなみにmoyen（中間の）はラテン語のmedianusからきていますが、さらにそのもとになったmediusから「情報を伝える手段」という意味で名詞化されたmediaが英語で使われるようになり、「マスメディア」の意味でフランス語にも入りました。

□ **le champ** [ʃɑ̃] m 畑；（複数で）平原・田園；フィールド
□ **le camp** [kɑ̃] m キャンプ（場）；野営・陣営；収容所

＊どちらもラテン語のcampus（広い場所；平野）からできた語ですが、campは同じ意味のイタリア語が、特定の語義だけを指すためにフランス語に取り入れられたものです。広い平原はその使用目的によって「戦場」にも「農地」にもなります。また「競技場」として使われるとそこで一番になった者を指すchampion（チャンピオン）という語も生まれることとなったのです。もとのラテン語campusは、英語で復活し大学のキャンパスを指す語となり、フランス語にも取り入れられました。

□ **le dessert** [desɛːr] m デザート
□ **le désert** [dezɛːr] m 砂漠

＊dessertは「給仕する；料理を出す」という動詞servirと関係があります。servirに対してdesservirは「食器を片付ける」ことで、その過去分詞からできたdessertは「食器を片付けた後に出される食べもの」の意味です。一方désertはラテン語desertus（見捨てられた）からきていて、「見捨てられた土地；人の住まない場所」のことですが、日本語の「デザート」の発音はむしろこちらに近いためか、たまに間違える人がいます。

□ **le cours** [kuːr] m 講義・課程；（水や時の）流れ
□ **la course** [kurs] f 走ること；競走・レース；
　　　　　　　　　　　　（複数で）用足し・買い物

＊もとはどちらもcourirからできた名詞で、「走る」ことがcourseの、水や雲、時間などが「流れる」ことがcoursの基本的な意味です。

　coursは水の流れや時間の経過のほか、貨幣や商品の「流通」の意味でも使い、さらには一定の流れ、進行にしたがっておこなわれる学習過程（初級コース、中級コースなど）や大学の講義、講座のことも指します。また、「流れている」ことは「進行中」だということで、au cours de ~（~の途中で）という表現もよく使います。

　courseのほうは「走る」という行動そのものから「競走・レース」も意味し、特に複数では「競馬」のことになります。またこれも多くは複数で「用足し；買い物」の意味で日常的に用いますが、これは「用足しのために走ること」からでしょうから、日本語の「使い走り」や「お使い」とどこか重なります。

第3章 「語形」で覚える

□ **le courrier** [kurje] m （集合的に）郵便物

□ **le courriel** [kurjɛl] m 電子メール；Eメール

＊courrierはよく部分冠詞をつけて《Est-ce qu'il y a du courrier pour moi?》（私あての郵便物はありますか）などと使います。また「定期便」「船便」「郵便機」などを意味することもあります。courrielは新しくできたいわゆる公式推奨語で、courrier électroniqueともいいますが、むしろ英語のままe-mail、あるいはただmailということが多いかもしれません。

□ **le grain** [grɛ̃] m 穀粒・穀物（の実・粒）

□ **la graine** [grɛn] f 種・種子

＊この2つももとは同じgranumというラテン語で、grainとgraineの両方を意味していました。もとは中性名詞でしたが、複数形のgranaの語尾aが女性単数の語尾に多いaと誤解され、女性名詞graineができました。

　grainは穀物やトウモロコシの粒、豆やブドウなどの小さな実のほか、砂糖や塩の粒も指します。graineは粒状の植物の種ですが、リンゴやナシ、ブドウなどの果物の種はpépin、桃や梅、さくらんぼなどの核はnoyauといいます。

□ **atteindre** [atɛ̃:dr] 動 達する・到着する；命中する；
　　　　　　　　　　　　　（病気や不幸が）襲う

□ **attendre** [atɑ̃:dr] 動 待つ；期待する；予想する

＊この2つは意味も語源も違うのですが、1文字違いで発音も鼻母音の違いだけなので、初めはまぎらわしいかもしれません。atteindreは「あるものに手が触れる」ことが原義で、目的地や目標に「達する」こと、高いところにあるものに「手が届く」ことなどを意味し、比喩的に「（弾が）命中する」「（病気・不幸が）襲う」「傷つける；損害を与える」といったことも表します。

　attendreは他動詞でも自動詞でも使いますが、自動詞のときはもっぱら「待つ」という意味で、en attendant（それまでの間；さしあたって）という副詞句もよく耳にします。他動詞としては「待つ」のほかに「期待する；予想する」ことも意味し、Qu'attendez-vous de moi?なら「どうしろとおっしゃるんです？（←私に何を期待するのか）」ということです。

entre parenthèses ②

語の成り立ちや背景を知る

　フランス語で「酢」はvinaigre（つまりヴィネガー）ですが、これはvin（酒・ワイン）とaigre（すっぱい）が合わさってできた語です。実はこのように簡単に1語を分解したり、語の中の要素を取り出したりできるものは、フランス語では少数です。したがって語源を知るためにはギリシャ語やラテン語、あるいはフランス語史の知識が必要となってくるのですが、専門的な知識がなくとも、語の成り立ちや背景に関心を持つことは単語の習得や理解に役立ちます。ここでは日常的な語のうちで、いくつか興味深いものを取り上げてみましょう。

●塩とサラダと給料

　「塩」はフランス語ではselですが、もとのラテン語形はsalでした。そのためsa-の音を残しているほかの派生語とのつながりが見えにくくなっています。例えば「サラダ」（salade）は「〈塩味をつけた〉もの・野菜」ですし、「ソース」（sauce）も「〈塩味をつけた〉水・汁」という意味にすぎなかったのです。また「ソーセージ」（saucisse）も「〈塩味をつけた〉詰め物」のことです。

　こうした食べものと塩との関係は納得できるでしょうが、「給料」（salaire）も「塩の」という語からきていることをご存じでしょうか。古代ローマでは塩は貴重なもので、兵士の給料は「〈塩を買うための〉金銭」として支払われていたのです。

- □ **le sel** [sɛl] m 塩
- □ **la sauce** [soːs] f ソース
- □ **le salaire** [salɛːr] m 給料・賃金

●短縮形と完全形

　上で見たソースや給料は、「塩味のついた」「塩を買うための」という形容詞の部分が残り、本体である「水」「金銭」が消えてしまいました。このようにフランス語では長い語を短縮する際に、形容詞などの限定語のほうを残すことがあります。同じことは日本語でもおこなわれていて、ただ「携帯」とだけいえば今は携帯電話を指しますが、本体は「電話」のはずです。フランス語でも携帯電話はふつう **portable** といいますが、これは **téléphone portable** の略です。**portable** は「porter 持ち運ぶ」ことが「-able 可能な」という形容詞で、もちろんほかの名詞につくこともありますが、**portable** も「携帯」も単独で使われたときは「電話」を吸収して、独立した名詞になっていると考えるべきでしょう。

　語の短縮は1語の中でもおこなわれ、やはり限定的な意味の部分を残す場合と、中心的な意味の部分を残す場合とがあります。いずれにしても意味の要素が語の中に見えるほうがおこないやすいため、ギリシャ語やラテン語からの造語に対してなされることが多いのです。例えば **vélo**（自転車）や **moto**（オートバイ）はそれぞれ **vélocipède**、**motocyclette** を短縮し

たもので、「速い」、「モーター」といった意味の部分が残されています。これらの語は省略形の方がふつうのフランス語で、完全形のほうはあまり使いません。それに対し、「先生」（professeur）をprof、「並はずれた」（extraordinaire）をextraという場合のように、省略形はくだけた語になるものもあります。「テレビ」は省略形téléがくだけた表現なのに、「ラジオ」は省略形radioがふつうの形です。また、extraやsympaのような形容詞の省略形は性数変化しないので注意が必要です。

□ **le portable** [pɔrtabl] m 携帯電話
□ **la radio** [radjo] f ラジオ
　＊完全形radiodiffusionはあまり使わない。
□ **la photo** [foto] f 写真
　＊完全形photographieはあまり使わない。
□ **le professeur** [prɔfɛsœːr] m 先生・教師；大学教授
　＊省略形profはくだけた語。
□ **sympathique** [sɛ̃patik]
　形 （人が）感じのいい・好感の持てる；（集まり・パーティーなどが）楽しい
　＊省略形sympaはくだけた語。

●過剰省略と変形

　省略語の中には、残った限定語がさらに短くなった結果、特別な知識がないともとの形が想像できないものもあります。métro（地下鉄・メトロ）は、最近は日本語としても通用するほど有名な語なので、これがmétropolitainの省略形だと知っている人も多いでしょう。ただし、この語はギリシャ語の「母」と「都市」の2つの要素からなる「中心都市・主要都市（大都市であれば必ずしも首都でなくてよい）の」という形容詞なので、まだ完全形ではないのです。「地下鉄」のもとの形はchemin de fer métropolitain（主要都市の鉄道）という、大変に長い語です。このようにもとの形からどんどん短くなり、いわば過剰省略されてできた語の代表はbus（バス）でしょう。これは直接にはautobusの口語的な省略ですが、省略されたauto も automobile（自動の）の前半を残したもので、この語自体voiture automobile（自動車）の省略形なのです（そこからautoは「自動車」という名詞にもなりました）。busのほうはラテン語のomnibus（すべての人のための）という語の末尾で、-ibusの部分は「〜のための」という文法的な機能を示す語尾にすぎず、この語固有の意味は担っていないのです。もとは「すべての人のための自動車（＝乗り合い自動車）」であったはずが、乗り物を示す名詞どころか、その限定語の意味も持っていない部分が残った珍しい例です。

　そのほか、省略された部分と限定語との関係が今では分かりにくくなってしまったものとしてはcolère（怒り）があります。これはギリシャ語のχολή（cholē）（胆汁）からできた語で、古代には感情の乱れも胆汁などの分泌物が原因と思われていたのです。そして胆汁が感情ではなく身体に影響して下痢などを起こす病気がcholéra（コレラ）で、この２つのつながりは現代人には想像できないかもしれません。

　また、最近お菓子や料理の名前の中によく見かけるようになったfromage（チーズ）も限定語が残ったタイプですが、それがさらに少し変形しています。この語はラテン語のforma（形）からできたもので、「型に流し込んで作ったチーズ」（caseus formaticus）の省略形ですが、フランス語では途中でfor-がfro-になってしまったのです。「チーズ」を意味するcaseusのほうは英語やドイツ語でcheese、Käseとなって残っています。イタリア語のformaggioは古フランス語のformageから入り、まだoとrがひっくり返る前の形を保っています。このように２つの音がひっくり返る現象を「音位転倒」といいますが、日本語の「あたらしい」も

「あらたし」の「ら」と「た」が転倒してできた語で、これはどの言語にも起こることです。

> ☐ **la colère** [kɔlɛːr]　f　怒り
> ☐ **le fromage** [frɔmaːʒ]　m　チーズ

●意味の見える合成語

　フランス語では、1語の中に意味の要素を見つけることは容易ではありませんが、それが簡単にできるのは2つ（またはそれ以上）の語が合わさってできた合成語の場合です。それは chemin de fer や pomme de terre のように前置詞でつながっているものや、peut-être のようにハイフンで連結されているもの、adieu のように完全に1語になっているものなどがあります。peut-être は「たぶん」と訳す人がいますが、「たぶん・おそらく」はむしろ sans doute で、peut-être は pouvoir と être が合わさっていることから分かるように「〜という可能性がある・〜かもしれない」という意味です。adieu は永遠の別れのときの挨拶、などと説明されますが、もともとは à + dieu（神）で、《Je vous recommande à dieu.》（わたしはあなたを神にゆだねます）ということです。

> ☐ **la pomme de terre** [pɔm də tɛːr]
> 　f　（大地のりんご→）じゃがいも
> ☐ **peut-être** [pøtɛtr]　副　〜かもしれない
> ☐ **le dieu** [djø]　m　神
> ☐ **adieu** [adjø]　間投　さようなら
> 　＊長い間、または2度と会わない際の別れの言葉ですが、南仏では日常の別れの挨拶にも使います。

●固有名詞からできた語・固有名詞になった語

　シャンパン（champagne）がパリの東にあるシャンパーニュ地方名産の発泡性白ワインであることはご存じでしょう。シャンパーニュ地方（la Champagne）は女性名詞ですが、シャンパンはle vin de Champagneの省略形なので男性名詞le champagneです。

　これは固有名詞である地方名がその特産物を表す名詞になった例ですが、もとはといえばシャンパーニュも「平原の」というcampaniaが地名になったものです。イタリア南部にカンパニア（Campania）という州がありますがこれも同様で、「広い平原」という呼び名がそのまま固有名詞として使われたにすぎません。

　南仏のプロヴァンス（Provence）はラテン語のprovincia（［古代ローマの］属州）からできた名で、ローマがカエサルの征服以前にガリア（今のフランス）に置いた最初の属州だったことに由来します。同じ語が固有名詞にならずに「地方」を意味する語として残ったのがprovinceです。

　人名を表す固有名詞も、もとはふつうの名詞や形容詞だったものが少なくありません。キリスト教の影響で、洗礼名つまり個人名のみを持っていた時代から誰もが苗字（nom de famille）を持つようになったときに使われたものの1つは住んでいる場所の特徴でした。日本なら「山本」「川中」などがその典型でしょう。もう1つは身体的特徴で、こちらは日本ではあまりありませんがフランスでは多く、Legrandはle grandつまり「のっぽの誰々」、Leblancならle blanc（色白の誰々）という、あだ名や通り名がもとです。ほかには職業名が苗字となったものもあり、Charpentierは大工、FabreやFèvre、Febvreなどは鍛冶屋です。

　個人名prénomは聖人の名から取ることが伝統的ですが、聖ペテロ（ペトロス）のフランス語形Pierreが「石」（pierre）と同じ形であることに気づいた人も多いでしょう。これはイエスが使徒シモンに与えた添え名で、

「あなたはペトロスπέτρος（petros＝石）である。私はこの岩πέτρα（petra）の上に私の教会を建てる」という聖書の一節のギリシャ語訳に由来します。πέτροςのラテン語形がpetrusで、これはフランス語のPierreのほか、イタリア語のPietro、スペイン語・ポルトガル語のPedro、英語・ドイツ語のPeter、ロシア語のПётр（ピョートル）などになって残っています。ちなみにピエロ（pierrot）はもともとPierreの愛称で、「小さなピエール」ということです。

- □ **le champagne** [ʃɑ̃paŋ] m シャンパン
- □ **le nom** [nɔ̃] m 名・姓；名詞
- □ **le prénom** [prenɔ̃] m 名・個人名；洗礼名
- □ **le pierre** [pjɛːr] m 石

第4章

日常語

この章では、「時間・季節・曜日」「家族・人間関係」「身体語」「食事」など、生活場面でよく使う日常語をジャンル別にまとめて紹介します。「位置・方向・方角」「数量・程度・比較」「基本的な疑問詞」は例文も利用して、用法を覚えておきましょう。

❶ 時間・季節・曜日

年月・時間　　　　　　　　　　　　　CD2・Track 31

□ **l'an** [ã] m 年；歳

□ **l'année** [ane] f 年；年度

□ **l'âge** [ɑːʒ] m 年齢
＊年齢をたずねるときはâgeを使い、答えにはanを使う。
▶ – Quel **âge** a ton père?（君のお父さんはいくつ？）
– Il a soixante-huit ans.（68歳です）

□ **le temps** [tã] m 時間；天気（▶p.46参照）

□ **le moment** [mɔmã] m 瞬間；時期
＊à ce moment(-là)（その頃）

□ **l'instant** [ɛ̃stã] m 瞬間
＊à l'instant（たった今；すぐ［後で］）
▶ Un **instant**, s'il vous plaît!（ちょっとお待ちください）

□ **l'époque** [epɔk] f 時代

□ **le siècle** [sjɛkl] m 世紀

日・時間帯　　　　　　　　　　　　　CD2・Track 32

□ **le jour** [ʒuːr] m 一日；(特定の) 日；昼；日光
＊tous les jours（毎日）

- □ **la journée** [ʒurne] f 日中（太陽の出ている時間）
  * toute la journée（一日中）

- □ **le matin** [matɛ̃] m 朝・午前

- □ **la matinée** [matine] f 午前中；（芝居・音楽などの）昼興行・マチネー

- □ **le soir** [swaːr] m 夕方；夜

- □ **la soirée** [sware] f 晩（日暮れから寝るまでの時間）；夜会・パーティー

- □ **la nuit** [nɥi] f 夜（寝ている時間）

- □ **la minuit** [minɥi] f 真夜中；午前0時

- □ **l'heure** [œːr] f 1時間；時刻；〜時

- □ **la minute** [minyt] f 分；短い時間

- □ **aujourd'hui** [oʒurdɥi] 副 今日

- □ **hier** [jɛːr] 副 昨日

- □ **avant-hier** [avɑ̃tjɛːr] 副 一昨日

第4章 日常語

225

□ **demain** [d(ə)mɛ̃] 副 明日

□ **après-demain** [aprɛdmɛ̃] 副 明後日

時間の表現
CD2・Track 33

□ **maintenant** [mɛ̃tnɑ̃] 副 今；今は

□ **passé, e** [pɑse] 形 過去の・過ぎ去った

□ **le passé** [pɑse] m 過去

□ **l'avenir** [avniːr] m 未来

□ **alors** [alɔːr] 副 その時・当時；それで・だから
  ▶ Où habitiez-vous **alors**? （当時はどちらにお住まいでしたか？）
  ▶ Je rentre en voiture, **alors** je ne bois pas.
  （車で帰るので飲みません）

□ **autrefois** [otrəfwa] 副 以前・昔（は）

□ **bientôt** [bjɛ̃to] 副 間もなく・すぐに
  ▶ À **bientôt**!（では、またすぐに〈お会いしましょう〉）

□ **aussitôt** [osito] 副 直ちに・すぐ
  ＊aussitôt que（〜するとすぐに）
  ▶ **Aussitôt** qu'il est sorti, il a commencé à pleuvoir.
  （彼が出かけるやいなや雨が降り始めた）

- □ **déjà** [deʒa] 副 すでに・もう

- □ **encore** [ãkɔːr] 副 まだ・今も；さらに・もっと
  * pas encore（まだ～ない）
  ▸ – Tu as déjà fini?（もう終わったの？）
    – Non, pas encore.（いいや、まだだ）

- □ **jamais** [ʒamɛ] 副 決して～ない；一度も～ない

- □ **toujours** [tuʒuːr] 副 いつも・常に；相変わらず

- □ **souvent** [suvɑ̃] 副 しばしば

- □ **d'abord** [dabɔːr] 副 初めに・まず

- □ **puis** [pɥi] 副 その後で；それから

- □ **ensuite** [ãsɥit] 副 それから；次に；その後

- □ **enfin** [ɑ̃fɛ̃] 副 ついに；最後に

- □ **premi*er*, *ère*** [prəmje, -mjɛːr] 形 第1の；最初の

- □ **second, *e*** [sgɔ̃, sgɔ̃ːd] 形 第2の
  * 発音に注意。決まった表現以外では「2番目の」はdeuxièmeということが多い。

第4章 日常語

- **dernier, ère** [dɛrnje, -njɛːr]
  形（主に名詞の前で）最後の；最新の；（時を表す名詞の後で）この前の
  * l'an dernier（去年）、le mois dernier（先月）

- **longtemps** [lɔ̃tɑ̃] 副 長い間

- **pendant** [pɑ̃dɑ̃] 前 〜の間

- **lorsque** [lɔrsk] 接 〜のとき

月の名

CD2・Track 34

- **le mois** [mwa] m 1カ月

- **janvier** [ʒɑ̃vje] m 1月

- **février** [fevrije] m 2月

- **mars** [mars] m 3月

- **avril** [avril] m 4月

- **mai** [mɛ] m 5月

- **juin** [ʒɥɛ̃] m 6月

- **juillet** [ʒɥijɛ] m 7月

- **août** [u(t)] m 8月
- **septembre** [sɛptɑ̃:br] m 9月
- **octobre** [ɔktɔbr] m 10月
- **novembre** [nɔvɑ̃:br] m 11月
- **décembre** [desɑ̃:br] m 12月

＊月の名に定冠詞がつくことはまずありません。

季節

- **la saison** [sɛzɔ̃] f 季節
- **le printemps** [prɛ̃tɑ̃] m 春
- **l'été** [ete] m 夏
- **l'automne** [ɔtɔn] m 秋
- **l'hiver** [ivɛ:r] m 冬

週・曜日

- **la semaine** [smɛn] f 1週間

- ☐ **le week-end** [wikɛnd] m 週末
- ☐ **le lundi** [lœ̃di] m 月曜
- ☐ **le mardi** [mardi] m 火曜
- ☐ **le mercredi** [mɛrkrədi] m 水曜
- ☐ **le jeudi** [ʒ¢di] m 木曜
- ☐ **le vendredi** [vãdrədi] m 金曜
- ☐ **le samedi** [samdi] m 土曜
- ☐ **le dimanche** [dimã:ʃ] m 日曜

❷ 家族・人間関係

CD2・Track 37

- ☐ **la famille** [famij] f 家族
- ☐ **les parents** [parã] m 両親
- ☐ **le père** [pɛ:r] m 父
- ☐ **la mère** [mɛ:r] f 母
- ☐ **le frère** [frɛ:r] m 兄弟

- **la sœur** [sœːr] f 姉妹

- **l'enfant** [ɑ̃fɑ̃] m f 子供

- **le bébé** [bebe] m 赤ん坊

- **le fils** [fis] m 息子

- **la fille** [fij] f 娘

- **le grand-père** [grɑ̃pɛːr] m 祖父

- **la grand-mère** [grɑ̃mɛːr] f 祖母（grande-でないことに注意）

- **l'oncle** [ɔ̃ːkl] m 叔父・伯父

- **la tante** [tɑ̃ːt] f 叔母・伯母

- **le cousin** m **, la cousine** f [kuzɛ̃, -zin] いとこ

- **le neveu** [nvø] m 甥

- **la nièce** [njɛs] f 姪

- **le petit-fils** [p(ə)tifis] m （男の子の）孫

第4章 日常語

231

- **la petite-fille** [p(ə)titfij] **f** 孫娘

- **le couple** [kupl] **m** 夫婦；カップル

- **le mari** [mari] **m** 夫

- **la femme** [fam] **f** 妻；女

- **le fiancé** **m**, **la fiancée** **f** [fjɑ̃se] 婚約者

- **l'ami** **m**, **l'amie** **f** [ami] 友人
  * mon ami(e)は恋人。

- **le copin** **m**, **la copine** **f** [kɔpɛ̃, -pin] 友達・仲間

- **le camarade** [kamarad] **m** 仲間・同僚

- **le collègue** **m**, **la collègue** **f** [kɔlɛg] 同僚

- **le voisin** **m**, **la voisine** **f** [vwazɛ̃, -zin] 隣人

- **l'homme** [ɔm] **m** 男；(定冠詞つきで) 人間

- **le monsieur** [məsjø]
  m (男性への呼びかけ・敬称、多くは大文字で始めて) 〜氏・〜さん；男性 (hommeの丁寧ないい方)

☐ **la dame** [dam] f 女性・女の人（femmeの丁寧ないい方）

☐ **madame** [madam]
f （既婚女性への呼びかけ・敬称、多くは大文字で始めて）〜夫人・〜さん

☐ **mademoiselle** [madmwazɛl]
f （未婚女性への呼びかけ・敬称）〜さん
＊madame、mademoiselleは呼びかけ・敬称として使うのみで、定冠詞がつくことはありません。店などでは未婚（と思われる）女性にもmadameと呼びかけることもあります。

☐ **le garçon** [garsɔ̃]
m 男の子・少年；（カフェ・レストラン・ホテルの）ボーイ
＊呼びかけとしてはmonsieurを使うほうがよい。

❸ 身体語

CD2・Track 38

☐ **le corps** [kɔːr] m 身体；死体；物体

☐ **la tête** [tɛt] f 頭

☐ **le(s) cheveu(x)** [ʃvø] m 髪

☐ **le front** [frɔ̃] m 額

☐ **l'œil** [œj] 複 **les yeux** [jø] m 目

☐ **l'oreille** [ɔrɛj] f 耳

第4章 日常語

- ☐ **le nez** [ne] m 鼻

- ☐ **la bouche** [buʃ] f 口

- ☐ **la lèvre** [lɛ:vr] f 唇

- ☐ **la dent** [dã] f 歯

- ☐ **la gorge** [gɔrʒ] f 喉

- ☐ **le cou** [ku] m 首

- ☐ **le dos** [do] m 背中

- ☐ **l'épaule** [epo:l] f 肩

- ☐ **le bras** [bra] m 腕

- ☐ **le coude** [kud] m ひじ

- ☐ **le doigt** [dwa] m (手の) 指
  ＊足の指はl'orteil m 。

- ☐ **la poitrine** [pwatrin] f 胸

- ☐ **le sein** [sɛ̃] m 乳房

□ **le ventre** [vã:tr] m 腹

□ **la jambe** [ʒɑ̃:b] f 脚

□ **le genou** [ʒ(ə)nu] m ひざ

□ **le pied** [pje] m 足　＊à pied（歩いて・徒歩で）

□ **la peau** [po] f 皮膚

□ **l'os** [ɔs] m 骨
　＊複数(les) os の発音は [(lez)o]。

□ **le sang** [sɑ̃] m 血

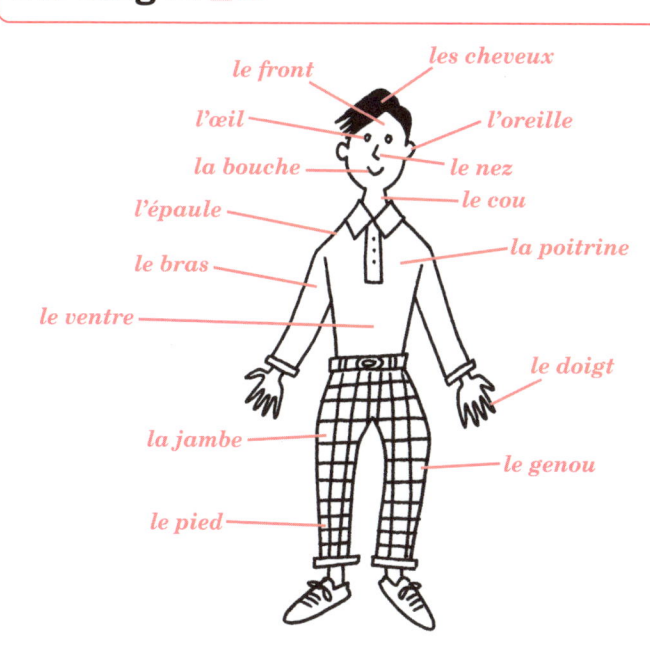

le front
les cheveux
l'œil
l'oreille
la bouche
le nez
l'épaule
le cou
le bras
la poitrine
le ventre
le doigt
la jambe
le genou
le pied

第4章 日常語

❹ 食事　　　CD2・Track 39

- □ **l'aliment** [alimã]　m 食品・食料

- □ **le repas** [r(ə)pɑ]　m 食事

- □ **le petit déjeuner** [p(ə)ti deʒœne]　m 朝食

- □ **le déjeuner** [deʒœne]　m 昼食
  ＊「昼食を取る」という動詞としても使う。

- □ **le dîner** [dine]　m 夕食
  ＊「夕食を取る」という動詞としても使う。

- □ **manger** [mãʒe]　動 食べる

- □ **boire** [bwaːr]　動 飲む

- □ **l'assiette** [asjɛt]　f 取り皿

- □ **le plat** [pla]　m 盛り皿；(皿に盛った) 料理

- □ **la tasse** [tɑːs]　f カップ

- □ **le verre** [vɛːr]　m グラス・コップ
  ＊もともとは「ガラス」の意味。

- □ **le couteau** [kuto]　m (食卓用) ナイフ

- □ **la fourchette** [furʃɛt] f フォーク
- □ **la cuiller (cuillère)** [kɥijɛːr] f スプーン
- □ **la table** [tabl] f テーブル・食卓
  * 《À table !》で「テーブルについて→ご飯ですよ」。
- □ **la viande** [vjɑ̃ːd] f （食用の）肉
- □ **le poisson** [pwasɔ̃] m 魚
- □ **le légume** [legym] m 野菜
- □ **le jus** [ʒy] m ジュース
- □ **la soupe** [sup] f スープ
- □ **le lait** [lɛ] m 牛乳
- □ **le vin** [vɛ̃] m ワイン；酒
- □ **le thé** [te] m 茶・紅茶
- □ **le café** [kafe] m コーヒー；喫茶店

❺ 衣服

- **le vêtement** [vɛtmã] m 衣類
- **le chapeau** [ʃapo] m 帽子
- **le manteau** [mãto] m マント・外套
- **la veste** [vɛst] f ジャケット・上着
  * いわゆるベスト（チョッキ）は le gilet。
- **la chemise** [ʃ(ə)miːz] f （男性用）シャツ；ワイシャツ
- **le chemisier** [ʃ(ə)mizje] m シャツブラウス
- **la robe** [rɔb] f ドレス；ワンピース
- **la jupe** [ʒyp] f スカート
- **le pantalon** [pãtalɔ̃] m ズボン
- **la chaussette** [ʃosɛt] f ソックス・靴下
- **la chaussure** [ʃosyːr] f 靴
- **le linge** [lɛ̃ːʒ] m 下着類（靴下、パジャマ le pyjama、ハンカチ le mouchoir も含む）；洗濯物

□ **la cravate** [kravat] f ネクタイ

□ **l'écharpe** [eʃarp] f スカーフ

□ **la ceinture** [sɛ̃tyːr] f ベルト

□ **l'imperméable** [ɛ̃pɛrmeabl] m レインコート

❻ 住居・建物　　CD2・Track 41

□ **la maison** [mɛzɔ̃] f 家・一戸建て

□ **l'appartement** [apartəmɑ̃] m マンション・アパート
＊一世帯分の住宅の意味で使い、マンションとアパートの区別は特にしません。建物全体を指して「マンション」といいたいときはimmeuble d'habitationといいます。immeubleは建物で、「オフィスビル」はimmeuble de bureauxです。
　また、「家に」というとà la maisonといいたくなりますが、maisonは一軒家で、集合住宅には使えません。「私は今日は家にいます」は《Je reste chez moi aujourd'hui.》といえばよいのです。chez moiは一軒家か集合住宅かに関係なく使えます。

□ **le studio** [stydjo] m ワンルームマンション

□ **la salle** [sal] f （ある用途のための）室
＊salle à manger（食堂）、salle de bain(s)（浴室）
公共施設などのホールや映画館のこともsalleといいます。

□ **la chambre** [ʃɑ̃ːbr] f 寝室；ホテルの部屋

第4章 日常語

239

- **le lit** [li] m ベッド

- **le salon** [salɔ̃] m 居間

- **la cuisine** [kɥizin] f 台所；料理・料理法

- **les toilettes** [twalɛt] f 複 トイレ
  * W.-C. [(dublə) vese] ともいいます。どちらも男性複数名詞で、「トイレに行く」は aller aux toilettes（または W.-C.）です。単数の toilette は「洗面」「身づくろい」の意味。faire sa toilette（洗面する）

- **la douche** [duʃ] f シャワー

- **le jardin** [ʒardɛ̃] m 庭

- **l'escalier** [eskalje] m 階段

- **la fenêtre** [f(ə)nɛtr] f 窓

- **le mur** [myːr] m 壁・塀

- **le toit** [twa] m 屋根

- **le plafond** [plafɔ̃] m 天井

- **le plancher** [plɑ̃ʃe] m 床

- □ **la chaise** [ʃɛːz] f いす

- □ **la clé (clef)** [kle] f 鍵

❼ 交通手段　　　　　　　　　　CD2・Track 42

- □ **le train** [trɛ̃] m 電車

- □ **le métro** [metro] m 地下鉄

- □ **le chemin de fer** [ʃ(ə)mɛ̃ d fɛːr] m 鉄道

- □ **l'autobus** [ɔtɔbys] m バス（話し言葉では le bus と略す）

- □ **le taxi** [taksi] m タクシー

- □ **la voiture** [vwatyːr] f 車
  ＊auto(mobile) ともいいます。

- □ **la moto** [mɔto] f オートバイ

- □ **la bicyclette** [bisiklɛt] f 自転車（話し言葉では le vélo）

- □ **l'avion** [avjɔ̃] m 飛行機

❽ 位置・方向・方角　　CD2・Track 43

- **ici** [isi] 副 ここに　＊par ici（こちら [へ]；このあたりに）
  ▶ **Par ici**, s'il vous plaît.（こちらへどうぞ）

- **là-bas** [labɑ] 副 あそこに・向こうに

- **ailleurs** [ajœːr] 副 よそに
  ＊d'ailleurs（その上・しかも；ただし）
  ▶ On va **ailleurs**.（ほかの所へ行こう）
  ▶ Il se fait tard, d'**ailleurs** je n'ai pas faim.
  （もう夜も遅いし、それにおなかはすいてないんだ）

- **partout** [partu] 副 いたるところに・あらゆる場所で

- **près** [prɛ] 副 近くに　＊près de ～（～の近くに）
  ▶ Mes parents habitent **près** de chez moi.
  （両親はうちの近くに住んでいます）

- **loin** [lwɛ̃] 副 遠くに　＊loin de ～（～から遠くに）
  ▶ Rouen, ce n'est pas **loin** de Paris.
  （ルアンなら、パリから遠くありません）

- **dedans** [d(ə)dɑ̃] 副 中に
  ▶ Qu'est-ce qu'il y a **dedans**?（中には何が入っているの？）

- **dehors** [dəɔːr] 副 外に
  ▶ Les enfants jouent **dehors**.（子供たちは外で遊んでいます）

- **dessus** [d(ə)sy] 副 その上に
  ＊前置詞句au-dessus de ～は「～の上に」。

□ **dessous** [d(ə)su] 副 その下に
＊前置詞句au-dessous de ～は「～の下に」。

□ **sur** [syr] 前 ～の上に
＊主題を表して「～について」、割合を表して「～につき」などの意味もあります。
▶ **Le chat dort sur le toit.** （猫は屋根の上で寝ています）
▶ **Il a écrit un livre sur Camus.**
（彼はカミュについての本を書いた）

□ **sous** [su] 前 ～の下に
＊「雨の中」もフランス語ではsous la pluieです。
▶ **Il a marché sous la pluie pendant deux heures.**
（彼は雨の中を2時間歩いた）

□ **vers** [vɛr] 前 ～のほうへ；～の近くに；(時間について) ～ころ
▶ **On voit une église vers le sud.** （南のほうに教会が見える）
▶ **Dînons vers sept heures.** （7時ごろ夕飯にしよう）

□ **gauche** [goːʃ] 形 左の
＊la gaucheは「左」。à gauche （左に）

□ **droit, e** [drwa, drwat] 形 右の
＊la droiteは「右」。à droite （右に）
▶ **D'abord, vous prenez la première rue à gauche, et puis la deuxième à droite, et vous trouvez cet immeuble.**
（まず、最初の道を左へ、そして2番目の道を右へ行けばそのビルがありますよ）

□ **droit, e** [drwa, drwat] 形 まっすぐな

＊「右の」と同形なので注意。droitは「まっすぐに」という副詞としても使われます。道案内の際、「まっすぐ行ってください」というときは《Allez tout droit.》あるいは《Continuez tout droit.》のようにtoutをつけるとはっきりします。

またdroitには「道徳的に正しい；公正な」という意味もあり、名詞のle droit（権利；法）に発展したことは第2章で見た通りです。「まっすぐな；正しい」が「右の」という意味を持つようになったのは、一般に右利きのほうが多いため、右手は力が強く器用で、正確に正しくものを行うことができることからだといわれています。「左の」というgaucheは「不器用な；下手な」の意味もあり、実はこちらがもとであるのと対応しています（ただし「器用な」は今のフランス語ではadroit）。

余談ですが、英語のrightが「正しい」「（正当な）権利」と「右の」の意味を持つのも同じ経緯によります。「左の」というleftももとは「弱い；価値のない」という意味でした。

東西南北

CD2・Track 44

□ **l'est** [ɛst] m 東

□ **l'ouest** [wɛst] m 西

□ **le sud** [syd] m 南

□ **le nord** [nɔːr] m 北

❾ 自然　　CD2・Track 45

- ☐ **le soleil** [sɔlɛj] m 太陽；日差し

- ☐ **la lune** [lyn] f 月

- ☐ **l'étoile** [etwal] f 星

- ☐ **le ciel** [sjɛl] m (複 cieux) 空

- ☐ **le sol** [sɔl] m 地面

- ☐ **la lumière** [lymjɛːr] f 光・日光；明かり・照明

- ☐ **l'ombre** [ɔ̃ːbr] f 日陰；影

- ☐ **l'eau** [o] f 水

- ☐ **le nuage** [nɥaːʒ] m 雲

- ☐ **la pluie** [plɥi] f 雨

- ☐ **pleuvoir** [pløvwaːr] 動 雨が降る

- ☐ **la neige** [nɛːʒ] f 雪

- ☐ **le vent** [vɑ̃] m 風

第4章 日常語

- **l'orage** [ɔraːʒ] m 雷雨・嵐

- **la mer** [mɛːr] f 海

- **la montagne** [mɔ̃taɲ] f 山；山岳地方

- **le bois** [bwa] m 森・林；木・木材
  * ふつう forêt よりも小さいものを指しますが、国立公園などのように人の手が入っているものは大きくても bois というようです。

- **l'arbre** [arbr] m 木

- **la branche** [brãːʃ] f 枝

- **la feuille** [fœj] f 葉

- **l'herbe** [ɛrb] f 草；野草

- **la fleur** [flœːr] f 花

⑩ 色　　　　　　　　　　　　　　　　CD2・Track 46

☐ **la couleur** [kulœːr] f 色

☐ **bleu, *e*** [blø] 形 青い
　＊男性名詞化したle bleuは「青色」です。以下同じようにle blancは「白色」、le rougeは「赤色」です。

☐ **blan*c*, *che*** [blɑ̃, blɑ̃ːʃ] 形 白い

☐ **rouge** [ruːʒ] 形 赤い
　＊le rougeは「赤色」のほかに「口紅（ルージュ）」の意味もあります。

☐ **noir, *e*** [nwaːr] 形 黒い

☐ **vert, *e*** [vɛːr, vɛrt] 形 緑の

☐ **jaune** [ʒoːn] 形 黄色い

☐ **gris, *e*** [gri, griːz] 形 灰色・ねずみ色の；（空が）曇った；白髪混じりの

☐ **rose** [roːz] 形 ばら色の
　＊もともとは女性名詞のla rose（ばら）からきています。

⓫ 国名とその形容詞　　CD2・Track 47

国名の形容詞は語頭を大文字で書くとその国の人を表す名詞になります。例：un Japonais（[1人の] 日本人[男性]）

また、小文字のまま男性名詞にするとその言語を表します。例：le japonais（日本語）

- □ **le pays** [pei] m 国

- □ **le Japon** [ʒapɔ̃] m 日本
- □ **japonais, e** [ʒapɔnɛ, -nɛːz] 形 日本の

- □ **la France** [frɑ̃ːs] f フランス
- □ **français, e** [frɑ̃sɛ, -sɛːz] 形 フランスの

- □ **l'Allemagne** [almaɲ] f ドイツ
- □ **allemand, e** [almɑ̃, -mɑ̃ːd] 形 ドイツの

- □ **l'Angleterre** [ɑ̃ɡlətɛːr] f イギリス
- □ **anglais, e** [ɑ̃ɡlɛ, -ɡlɛːz] 形 イギリスの

- □ **la Belgique** [bɛlʒik] f ベルギー
- □ **belge** [bɛlʒ] 形 ベルギーの

- □ **le Canada** [kanada] m カナダ
- □ **canadien, ne** [kanadjɛ̃, -djɛn] 形 カナダの

- **la Corée** [kɔre] f 朝鮮
  * 韓国はCorée du Sud、北朝鮮はCorée du Nord。
- **coréen, *ne*** [kɔreɛ̃, -ɛn] 形 朝鮮（韓国・北朝鮮）の

- **la Chine** [ʃin] f 中国
- **chinois, *e*** [ʃinwa, -nwaːz] 形 中国の

- **l'Espagne** [ɛspaɲ] f スペイン
- **espagnol, *e*** [ɛspaɲɔl] 形 スペインの

- **la Grèce** [grɛs] f ギリシャ
- **grec, *que*** [grɛk] 形 ギリシャの

- **l'Italie** [itali] f イタリア
- **italien, *ne*** [italjɛ̃, -liɛn] 形 イタリアの

- **la Russie** [rysi] f ロシア
- **russe** [rys] 形 ロシアの

- **la Suisse** [sɥis] f スイス
- **suisse** [sɥis] 形 スイスの

- **les États-Unis** [etazyni] m 複 アメリカ合衆国
- **américain, *e*** [amerikɛ̃, -kɛn] 形 アメリカの

⑫ 数量・程度・比較を表す表現　　CD2・Track 48

数量・程度

☐ **la plupart** [plypaːr] **f** 大多数・大部分
  * 主語として使う場合、動詞は複数形。
  ▶ **La plupart** d'entre eux sont contre le projet.
  （彼らの大部分はその計画に反対している）

☐ **la fois** [fwa] **f** 回・度；倍　　*à la fois（一度に・同時に）
  ▶ **Je l'ai vu une fois.**（彼には一度会ったことがある）
  ▶ **Il gagne deux fois plus que moi.**（彼は私の倍稼いでいる）
  ▶ **Ne faites pas deux choses à la fois.**
  （2つのことを同時にしてはいけない）

☐ **peu** [pø] 副 代 少し
  * un peuは「少し〜である」、peuは「少ししか〜でない」、(un) peu de 〜も、unがあれば肯定的、なければ否定的。
  ▶ **Je comprends un peu.**（少しは分かります）
  ▶ **Je comprends peu.**（あまり分かりません）
  ▶ **Vous avez un peu d'argent?**（お金は少しありますか？）
  ▶ **Peu de gens sont venus.**（わずかな人しか来なかった）

☐ **assez** [ase] 副 十分に　　*assez de 〜（十分な〜）
  ▶ **Il a déjà assez travaillé.**（彼はもう十分に働いた）
  ▶ **Je n'ai pas assez d'argent.**（私は十分なお金がない）

☐ **très** [trɛ] 副 とても
  ▶ **Il est très fatigué.**（彼はとても疲れている）

☐ **trop** [trɔ] 副 あまりに　　*trop de 〜（あまりに多くの〜）
  ▶ **Il est trop fatigué.**（彼はあまりに疲れている）
  ▶ **Il y a trop d'erreurs dans ce dossier.**
  （この書類には間違いが多すぎる）

- **tant** [tã] 副 それほど・そんなに ＊tant de 〜（たくさんの〜）
  - ▶ **Nous avons tant mangé!**（私たちは本当によく食べた）
  - ▶ **J'ai encore tant de choses à faire.**
    （私はまだしなければならないことがたくさんある）
  - ▶ **Tant mieux!**（それはよかった）
  - ▶ **Tant pis!**（仕方がない）

- **tel, *le*** [tɛl] 形 そのような・それほど ＊tel que 〜（〜のような）
  - ▶ **Qu'est-ce que vous faites dans un tel cas?**
    （そのような場合あなたはどうします？）
  - ▶ **Nous avons cherché un homme tel que lui.**
    （われわれは彼のような男を探していたのだ）

比較

CD2・Track 49

- **plus** [ply(s)] 副 より・もっと
  - ▶ **Il est plus jeune que moi.**（彼は私より若い）
  - ▶ **Il est le plus jeune.**（彼が一番若い）
  - ▶ **Elle a plus de CD que moi.**
    （彼女は私より多くのCDを持っている）

- **moins** [mwɛ̃] 副 より少なく
  - ▶ **Il est moins jeune que moi.**（彼は私より若くはない）
  - ▶ **Il est le moins jeune.**（彼が一番若くない）
  - ▶ **Elle a moins de CD que moi.**
    （彼女は私よりＣＤを持っていない）

- **aussi** [osi] 副 〜もまた；（形容詞と）同様に
  - ▶ **Ils sont aussi arrivés.**（彼らも到着した）
  - ▶ **Il est aussi jeune que moi.**（彼は私と同じくらい若い）

第4章 日常語

- □ **autant** [otɑ̃] 副 (動詞と) 同様に
  * autant de ～ (と同じ数量の)
  ▶ **Il gagne autant que moi.**（彼は私と同じだけ稼いでいる）
  ▶ **Elle a autant de CD que moi.**
  （彼女は私と同じ数のCDを持っている）

- □ **plutôt** [plyto] 副 むしろ
  ▶ **Je préfère la chaleur plutôt que le froid.**
  （寒いよりも暑いほうがむしろ好きです）

⓭ 基本的な疑問詞　　　CD2・Track 50

- □ **que** [k(ə)] 疑代 何を
  * 関係代名詞や接続詞などの用法もあります。
  ▶ **Que dit la météo?**（天気予報は何といっていますか？）

- □ **qui** [ki] 疑代 誰が・誰を
  * 関係代名詞の用法もあります。
  ▶ **Qui a téléphoné?**（誰が電話をしてきたの？）

- □ **quel, _le_** [kɛl] 疑形 どんな
  ▶ **Quels sont vos sports préférés?**
  （どんなスポーツが好きですか？）

- □ **quand** [kɑ̃] 疑代 いつ
  * 接続詞「～のとき」の用法もあります。
  ▶ **Quand partez-vous ?**（いつ出発するのですか？）

- [ ] **où** [u] 疑代 どこに・どこへ
    * 関係詞の用法もあります。
    ▶ **D'où venez-vous?**（ご出身はどちらですか？）
    今どこからここへ来たかを聞くなら D'où êtes-vous venu?

- [ ] **comment** [kɔmɑ̃] 疑副 どのように；どのような；なぜ
    ▶ **Comment est ton nouvel appartement?**
    （今度のマンションはどうですか？）

- [ ] **combien** [kɔ̃bjɛ̃] 疑副 いくつ・どれくらい
    ▶ **Combien de temps faut-il pour aller d'ici à la gare?**
    （ここから駅までどのくらい時間がかかりますか？）

- [ ] **quoi** [kwa] 疑代 何
    * que の強勢形。前置詞とともに que を使うときは quoi になる。
    ▶ **De quoi parle-t-il ?**（彼は何の話をしているのですか？）
    関係代名詞の用法もあり、その場合は常に前置詞とともに使う。
    ▶ **Vous avez de quoi écrire?**（何か書くものを持っていますか？）

- [ ] **pourquoi** [purkwa] 疑副 なぜ・何のために
    ▶ **Pourquoi n'est-il pas venu?**（どうして彼は来なかったの？）

第4章 日常語

インデックス

すべての見出し語（□で始まる単語、および10の重要動詞）をアルファベット順に並べた索引です。単語の検索に、記憶の整理に利用してください。

A

abandon 156
abandonner............156
absence 161
absent, e 161
absolu, e 171
absolument 171
accepter 70
accident 88
accord 150
accorder 150
achat 157
acheter 157
acte 86
acteur, actrice
192
actif, ve 196
action 86
addition 145
admirable 168
admirer 168
adresse 150
adresser 150
adroit, e 183
aéroport 211
affaire 47
âge 224
agent 78
agent de police 78
aide 150
aider 150
ailleurs 242
aimable 168
aimer 168
ainsi 104
air 208
alcool 201
aliment 236
Allemagne 248
allemand, e 248
aller 24
alors 226
âme 82
amener 179
américain, e 249
ami, amie 232
amour 164
amoureux, se 164
amusant, e 183
amuser 183
an 224
ancien, ne 61
anglais, e 248
Angleterre 248

254

année 224	attention 128	beaucoup 64
anniversaire 192	aucun, e 131	beauté 160
anormal, e 178	aujourd'hui 225	bébé 231
août 229	aussi 251	belge 248
appareil 48	aussitôt 226	Belgique 248
appartement 239	autant 252	bête 163
apporter 180	auteur 80	bêtise 163
apprendre 42	autobus 241	bibliothèque 205
après 101	automne 229	bicyclette 241
après-demain 226	autre 132	bien 58
arbre 246	autrefois 226	bientôt 226
argent 56	avance 150	bière 196
armée 192	avancer 150	billet 75
arrangement 147	avant 100	blanc, che 247
arranger 147	avant-hier 225	blesser 146
arrestation 188	avantage 177	blessure 146
arrêt 188	avenir 226	bleu, e 247
arrêter 188	avenue 76	boire 236
arrière 101	avion 241	bois 246
arrivée 187	avis 86	boîte 205
arriver 40, 187	avoir 18	bon, ne 57
art 174	avril 228	bonheur 183
article 48		bouche 234
artiste 174	**B**	boulanger,
assez 250	bagage 201	boulangère 175
assiette 236	banque 195	boulangerie 175
assistant, e 185	bas, se 123	boulevard 76
assister 185	bataille 196	bout 53
attaque 150	bâtiment 148	bouteille 196
attaquer 150	bâtir 148	boutique 75
atteindre 214	battre 71	boxe 205
attendre 214	beau (bel), belle 160	branche 246

bras 234
bruit 91
brûler 146
brûlure 146
bureau 48

C

cadre 49
café 237
calendrier 200
calme 96
camarade 232
camp 213
campagne 85
Canada 248
canadien, ne 248
car 105
caractère 196
carrière 80
carte 47
cas 54
cause 55
ceinture 239
cendre 176
cendrier 176
central, e 166
centre 166
cerise 175
cerisier 175
certain, e 169
certainement 169
chacun, e 133

chaise 241
chaleur 163
chambre 239
champ 213
chance 202
changement 147
changer 147
chanter 172
chanteur, chanteuse
 172
chapeau 238
chaque 133
charge 151
charger 151
charmant, e 185
charme 185
chasse 151
chasser 151
château 198
chaud, e 163
chauffage 148
chauffer 148
chaussette 238
chaussure 238
chef 49
chemin 77
chemin de fer 241
chemise 238
chemisier 238
chèque 195
cher, chère 59
chercher 181

chez 100
cheveu(x) 233
chiffre 92
Chine 249
chinois, e 249
choisir 158
choix 158
chose 47
ciel 245
cigare 74
cigarette 74
cinéma 79
circonstance 199
clair, e 60
classe 167
classique 167
clé (clef) 241
cœur 82
coin 52
collège 174
collégien 174
collègue, collégienne
 232
combat 157
combattre 157
combien 253
comédie 174
comédien,
 comédienne 174
comme 104
commencer 109
comment 253

commerce 166	conversation 144	cravate..................239
commercial, e 166	copin, copine 232	création 141
communication.....142	corde 73	créer......................141
communiquer 142	Corée 249	cri 151
compagnie 201	coréen, ne 249	crier.......................151
comparaison 144	corps.....................233	crime.....................166
comparer...............144	côté 129	criminel, le 166
complet, ète 169	cou 234	critique 195
complètement.......169	coude....................234	croire.............145, 177
composer 140	couleur 247	croyance...............145
composition 140	coup 51	cuiller (cuillère) 237
comprendre............41	coupe....................151	cuire 43
compte 39	couper 151	cuisine 240
compter 39	couple...................232	culture 56
concours 81	cour 84	curieux, se.............193
concret, ète 169	courage 164	
concrètement........169	courageux, se 164	**D**
condition 144	courant 207	d'abord.................227
conducteur, conductrice........172	courant, e 184, 207	dame....................233
	courir 184	danger 164
conduire 172	courriel 214	dangereux, se 164
confortable............201	courrier.................214	dans 100
connaître.................67	cours.....................213	danse....................151
conseil 155	course...................213	danser...................151
conseiller...............155	court, e 123	date.......................202
conséquence 92	cousin, cousine 231	debout....................65
construction 142		décembre 229
construire 142	couteau.................236	décider..................143
content, e 121	coûter 199	décision 143
continuer 112	coutume..................86	déclaration 141
contraire 192	couverture.............146	déclarer 141
contre 124	couvrir 146, 177	découvrir...............177

dedans 242	dessous 243	donnée 187
défendre 158	dessus 242	donner 38, 187
défense 158	destruction 143	dormir 71
dehors 242	détail....................200	dos 234
déjà 227	détruire.................143	douceur 162
déjeuner 236	devant...................100	douche..................240
délicat, e 160	développement.....147	doute 152
délicatesse 160	développer 147	douter 152
délicieux, se 121	devenir 28	doux, ce................162
demain 226	devoir 40	drogue 205
demande 151	dictionnaire 192	droit.........................88
demander..............151	différence 162	droit, e 243, 244
demi 91	différent, e............162	drôle 64
dent........................234	difficile..................160	dur, e 60
dentiste.................175	difficulté 160	
départ 158	dimanche 230	**E**
dépendre 111	dîner 236	
dépense 151	dire 68	eau 245
dépenser 151	direct, e................169	écart......................152
depuis....................102	directement..........169	écarter 152
déranger 45	directeur, directrice	échange................152
dernier, ère...........228	173	échanger 152
derrière..................101	direction................49	écharpe.................239
désavantage..........177	discussion 143	école 174
descendre 44	discuter.................143	écolier, écolière 174
désert....................213	distinguer 186	économie 167
désir......................151	distingué, e 186	économique 167
désirer 151	divorce..................152	écouter 66
désoler..................127	divorcer 152	écran.....................197
dessert..................213	docteur...................80	écrire.....................146
dessin 152	doigt 234	écriture 146
dessiner................152	dommage..............201	écrivain 80
		éducation 145

effet 194
effort 202
égal, e 161
égalité 161
élégance 162
élégant, e 162
élève 81
élevé, e 185
élever 185
émettre 143
émission 143
emmener 179
empêcher 111
emploi 156
employé, e 187
employer 156, 187
emporter 180
en 100
enchanter 127
encore 227
endroit 84
enfant 231
enfin 227
engagement 148
engager 148
enlever 180
ennemi, e 178
ennui 156
ennuyer 156
enseignement 147
enseigner 147
ensuite 227

entendre 66
entier, ère 170
entièrement 170
entraînement 148
entraîner 148
entre 102
entrée 187
entrer 187
envie 152
envier 152
environ 104
envoyer 181
épais, se 63, 163
épaisseur 163
épaule 234
épice 198
épicerie 175
épicier, épicière 175
époque 224
épouser 114
erreur 87
escalier 240
espace 197
Espagne 249
espagnol, e 249
espérance 145
espérer 145
esprit 197
essai 156
essayer 156
essence 167
essentiel, le 167

est 244
estime 152
estimer 152
estomac 197
étage 197
état 197
États-Unis 249
été 229
étoile 245
étonnant, e 184
étonner 184
étranger 207
étranger, ère 207
être 16
étroit, e 95
étude 156
étudiant, étudiante 81
étudier 156
événement (évènement) 88
évidemment 171
évident, e 171
éviter 112
exact, e 170
exactement 170
examen 81
excellent, e 121
exception 167
exceptionnel, le 167
excès 194
excuser 126

exemple 199
exercice 200
exigeant, e 184
exiger....................184
existence 146
exister...................146
expérience............204
explication...........142
expliquer 142
exposé 188
exposer.................188
exposition 188
expression.............143
exprimer...............143
extérieur, e 193
extraordinaire 178

F

fabrique 74
face..........................83
facile 170
facilement 170
façon 90
faculté...................191
faible 159
faiblesse 159
faire 20
fait.........................194
falloir 107
fameux, se..............204
famille...................230
fatigué, e 186

faute 87
faux, sse 123
femme 232
fenêtre 240
fer 56
fermé, e 186
fermer...................186
fête........................198
feu 50
feuille 246
février 228
fiancé, fiancée.......232
ficelle.....................73
fièvre......................196
figure........................83
fil 73
fille 231
film 79
fils 231
fin 157
finir 157
fleur 246
fleuve 74
fois 250
folie 163
fonctionnaire.........204
fond........................53
force 89
forêt 198
forme 54
formidable............168
fort, e 94

fortune 53
fou (fol), folle 163
fourchette.............237
frais, fraîche............61
français, e 248
France....................248
frapper 71
frein 153
freiner....................153
frère 230
froid 206
froid, e 206
front......................233
frontière................196
fruit 202

G

gagner....................69
garçon 233
garde 189
garder....................189
gardien 189
gare 77
gauche...................243
gendarme 78
général, e (-aux)....170
généralement........170
généreux, se 193
genou 235
genre 89
gens 82
glace........................50

global, e 98
gloire 191
gorge 234
goût 153
goûter 153
gouvernement 149
grâce 129
grain 214
graine 214
grand, e 93
grand-mère 231
grand-père 231
grave 96
grec, que 249
Grèce 249
gris, e 247
gros, se 93
guérir 144
guérison 144

H

habitant, e 185
habiter 185
habitude 86
hasard 204
haut, e 162
hauteur 162
herbe 246
héroïque 167
héros 167
hésiter 110
heure 225
hier 225
histoire 191
hiver 229
homme 232
honnête 199
honneur 193
honte 164
honteux, se 164
hôpital 198
horloge 74
horreur 193
hôtel 198
huile 201
humain, e 161
humanité 161

I

ici 242
idée 200
image 189
imagination 189
imaginer 189
imperméable 239
importance 162
important, e 162
importer 128
impossible 178
impression 189
impressionner 189
imprimer 189
incident 88
incroyable 177
inférieur, e 193
information 87
ingénieur 173
instant 224
instruction 142
instruire 142
intéressant, e 184
intéresser 184
intérêt 198
intérieur, e 193
introduction 142
introduire 142
inutile 177
invitation 141
inviter 141
irrégulier, ère 178
Italie 249
italien, ne 249
île 198

J

jamais 227
jambe 235
janvier 228
Japon 248
japonais, e 248
jardin 84, 240
jaune 247
jean 203
jeter 70
jeu 157
jeudi 230

jeune 159
jeunesse 159
joie 165
joli, e 59
jouer 113, 157
jour 224
journal 78
journée 225
joyeux, se 165
jugement 147
juger 147
juillet 228
juin 228
jupe 238
jus 237
jusque 102
juste 163, 170
justement 170
justice 163

L
là-bas 242
laisser 108
lait 237
lancer 70
langue 85
large 95
laver 118
leçon 200
lecture 147
légume 237
lent, e 98

lettre 196
lever 118
lèvre 234
liaison 144
liberté 161
librairie 205
libre 161
lier 144
lieu 84
ligne 201
linge 238
lire 147
lit 240
livre 209
logique 195
loi 88
loin 242
long, ue 162
longtemps 228
longueur 162
lorsque 228
louer 72
lourd, e 96
lumière 245
lundi 230
lune 245
lutte 153
lutter 153
luxe 164
luxueux, se 164
lycée 174
lycéen, lycéenne ...174

M
madame 233
mademoiselle 233
magasin 75
magazine 79
mai 228
maigre 97
maintenant 226
maison 239
maître 199
majeur, e 63
mal 58
malade 163
maladie 163
maladroit, e 183
malheur 165, 183
malheureux, se 165
malle 73
manger 236
manière 90
manquer 113
manteau 238
marchand,
  marchande 200
marché 201
marcher 39
mardi 230
mari 232
mariage 148
marron 176
marronnier 176
mars 228

matin 225
matinée 225
mauvais, e 58
médecin 80
médicament 205
meilleur, e 57
même 124
mémoire 191
ménage 50
mener 179
mensonge 172
menteur, menteuse
172
mentir 172
mer 246
mercredi 230
mère 230
merveille 165
merveilleux, se 165
message 202
mesure 55
métier 80
mètre 196
métro 241
mettre 32
mieux 58
milieu 56
militaire 192
mince 97
mineur, e 63
minuit 225
minute 225

mode 210
moderne 201
mœurs 86
moins....................251
mois.......................228
moitié 91
moment.................224
monde....................82
mondial, e 98
monsieur 232
montagne..............246
monter 44
montre 74
montrer 118
moral 211
moral, e 211
morale 211
morceau..................90
mort 166
mort, e 186
mortel, le 166
mot 85
moteur...................173
moto 241
mourir...................186
mouvement...........149
moyen 212
moyen, ne 212
moyenne 212
mur 240
musicien,
  musicienne 174

musique 174

N

naïf, ve...................196
naissance 145
naître 145
nation 165
national, e 165
nationalité 190
nature......................46
naturel, le 170
naturellement 170
nécessaire 161
nécessité 161
neige......................245
net, te 96
nettoyage 149
nettoyer 149
neuf, ve 94
neveu.....................231
nez 234
nièce 231
noir, e 247
nombre..................165
nombreux, se........165
nord 244
normal, e 178
notamment 103
note 52
nouveau (nouvel),
    nouvelle 94
nouvelle 87

263

novembre 229
nuage 245
nuit 225
numéro 92

O

objet 194
obliger 110
obtenir 69
occasion 144
occupé, e 186
occuper 186
octobre 229
œil 233
office 49
offrir 111
ombre 245
on 130
oncle 231
opinion 86
orage 246
orange 176
oranger 176
ordinaire 178
ordinateur 173
ordre 51
oreille 233
organisation 141
organiser 141
os 235
oser 108
où 253

oublier 111
ouest 244
ouvert, e 185
ouvrir 185

P

paiement 148
paix 195
panier 176
pantalon 238
papier 200
paraître 72
parce que 105
pardon 155
pardonner 155
pareil, le 62
parents 230
parfait, e 194
parler 68
parmi 102
parole 85
part 212
partage 153
partager 153
parti 212
partie 212
partir 158
partout 242
pas 51
passage 149
passeport 211
passé 226

passé, e 226
passer 149
passif, ve 196
pâte 199
pâtisserie 175
pâtissier, pâtissière
............175
pauvre 61
payer 148
pays 248
peau 235
pêche 153
pêcher 153
peindre 146
peine 54
peinture 146
pendant 228
pendule 74
pensée 186
penser 186
perdre 158
père 230
permettre 143
permission 143
personne 130, 166
personnel, le 166
perte 158
petit, e 93
petit déjeuner 236
petit-fils 231
petite-fille 232
peu 250

pièce...90	poser...140	problème...200
pied...235	position...140	prochain, e...99
place...84	possibilité...191	proche...99
plafond...240	possible...178	production...188
plaire...126	poste...208	produire...188
plaisir...128	pour...124	produit...188
plan...48	pourquoi...253	profession...167
planche...83	pousser...110	professionnel, le...167
plancher...240	pouvoir...89, 106	profond, e...63
plante...153	pratique...206	progrès...194
planter...153	précieux, se...193	projet...194
plat...236	précis, e...171	prononcer...142
plein, e...122	précisément...171	prononciation...142
pleuvoir...245	préférence...146	proposer...140
pluie...245	préférer...146	proposition...140
plupart...250	premier, ère...227	propre...96
plus...251	prendre...22	province...85
plusieurs...132	préparation...141	public...207
plutôt...252	préparer...141	public, que...207
poêle...209	près...242	puis...227
point...52	présence...162	puisque...105
poisson...237	présent, e...162	punir...142
poitrine...234	présentation...141	punition...142
poli, e...160	présenter...141	pur, e...62
police...78	presque...104	
politesse...160	presse...78	**Q**
politique...206	presser...112	qualité...191
pomme...175	prêt, e...122	quand...252
pommier...175	prêter...72	quantité...191
port...211	prier...127	que...252
porte...211	printemps...229	quel, le...252
porter...180	prix...194	quelque...132

265

quelque chose 133
quelqu'un 133
question 144
qui 252
quitter 126
quoi 253

R

raconter 68
raison 55
ramener................181
rang 153
ranger 153
rapide 98
rappeler 181
rapport..................154
rapporter 154
rare 202
rayon 210
réalité....................161
recevoir 70
rechercher 181
recommander 182
reconnaître............182
réel, le 161
refus......................154
refuser 154
regard 154
regarder...........66, 154
région 166
régional, e 166
régulier, ère...........178

religieux, se...........165
religion 165
remarque...............154
remarquer 154
remercier...............115
remettre................182
remplir 45
rencontrer 114
rendre 38
renoncer 109
renseignement 87
rentrer...................182
renvoyer 181
repas.....................236
repasser................182
répéter 141
répétition..............141
répondre...............158
réponse 158
repos.....................154
république............195
réservation 189
réserve..................189
réserver 189
résistance 145
résister..................145
reste 154
rester 154
résultat 92
retard 99
retour 156
retourner 156

réussir...................110
réveil 74
rêve 154
revenir 181
rêver 154
revue 79
riche......................159
richesse 159
rien........................131
rire 206
risque....................195
rivière 74
robe 238
roi..........................166
rôle........................200
rond 207
rond, e 207
rose.......................247
rouge 247
route.......................77
royal, e..................166
rue 77
russe 249
Russie 249

S

sac 73
sage 159
sagesse.................159
sain, e 161
saisir 42
saison 229

salade 176	secret, ète 206	soleil 245
saladier 176	secrétaire 192	solide 94
sale 205	sécurité 191	son 91
salle 239	sein 234	sorte 89
salon 240	semaine 229	sortie 187
saluer 115	sembler 72	sortir 187
samedi 230	s'en aller 120	souffrir 112
sang 235	s'endormir 71	soupe 237
santé 161	sens 54	sous 243
s'appeler 116	sentiment 148	souvent 227
s'asseoir 116	sentir 148	sœur 231
sauver 119	séparation 141	spécial, e 171
savoir 67	séparer 141	spécialement 171
se coucher 116	septembre 229	spécialité 191
se dépêcher 119	sérieux, se 193	sport 203
se laver 118	serviette 73	station 77
se lever 118	servir 34	steak 203
se marier 148	seul, e 170	stop 203
se montrer 118	seulement 170	studio 239
se plaindre 119	siècle 224	succès 194
se promener 117	silence 165	sud 244
se rappeler 120	silencieux, se 165	suffire 184
se reposer 154	simple 171	suffisant, e 184
se réveiller 117	simplement 171	Suisse 249
se sauver 119	s'inquiéter 117	suisse 249
se souvenir 120	situation 144	suite 92
se tromper 117	société 191	suivant, e 184
sec, sèche 157	soigner 156	suivre 184
sécher 157	soin 156	sujet 194
second, e 227	soir 225	supérieur, e 193
secours 129	soirée 225	supposer 140
secret 206	sol 245	supposition 140

sur 243
sûr, e 60
surprise 202
surtout 103
système 200

T

tabac 74
table 237
tableau 83
taille 173
tailler 173
tailleur 173
tant 251
tante 231
tard 98
tasse 236
taxi 241
technique 195
tee-shirt 203
tel, le 251
téléphone 155
téléphoner 155
télévision 145
tempête 199
temps 46, 224
tendre 159
tendresse.............159
tenir 30
terre 46
terrible 168
tête 233

thé 237
théâtre 197
ticket 75
timbre 50
tirer 45
toilettes 240
toit 240
tomber 41
tort 87
tôt 98
toucher 44
toujours 227
tour 209
tournant 185
tourner 185
tout, toute, tous,
  toutes 125
toute la journée 225
traduction 143
traduire 143
train 241
tranquille 96
travail 155
travailler 155
très 250
triste 159
tristesse 159
trop 250
trouver 41
tuer 43
type 89

U

unique 202
université 191
usage 188
usé, e 188
user 188
usine 74
utile 177

V

vain, e 171
vainement 171
valeur 200
valise 73
vallée 192
valoir 107
variété 191
vaste 95
vendeur, vendeuse
 173
vendre 157, 173
vendredi 230
venir 26
vent 245
vente 157
ventre 235
véritable 168
vérité 168
verre 236
vers 243
vert, e 247
veste 238

vêtement 238	visite 155	vouloir 106
viande....................237	visiter....................155	voyage 155, 173
victoire..................192	vite........................160	voyager 155
vide 157	vitesse 160	voyageur,
vider......................157	vivant, e................184	voyageuse 173
vie..........................56	vivre......................184	vrai, e....................171
vieillesse...............160	voie 77	vraiment...............171
vieux (vieil), vieille 160	voir....................66, 187	vue 187
vif, ve 62	voisin, voisine.......232	
village 85	voiture 241	**W**
ville........................85	voix........................195	week-end..............230
vin 237	vol 207	
visage.....................83	voler......................172	
	voleur, voleuse 172	

●著者紹介

アテネ・フランセ（Athénée Français）
1913年創立。フランス語を中心として英語・古典ギリシャ語・ラテン語で、常時200以上のコースを設けている語学学校の老舗。日本語を一切使わない授業が定評。NHKテレビ「フランス語会話」の國枝孝弘先生など、多くのフランス語のエキスパートを輩出する。かつての生徒には谷崎潤一郎や山本有三の名も。

松本悦治（まつもと えつじ）
1920年生まれ。東京高等師範学校卒業後、パリ大学文学部修士課程卒業。1946年よりアテネ・フランセ講師。財団法人アテネ・フランセ理事長兼校長。レジョン・ド・ヌール勲章受章。

島崎貴則（しまざき たかのり）
1969年東京生まれ。早稲田大学文学部演劇科中退、同仏文科卒業。アテネ・フランセにてフランス語、古典ギリシャ語、ラテン語を学び、ディプロム（卒業資格）、ブルヴェ（教授資格）取得。西洋古典学、言語学専攻。現在アテネ・フランセ講師。

カバーデザイン	滝デザイン事務所
本文デザイン＋DTP	アレピエ
本文イラスト	いとう瞳
CD録音	(財)英語教育協議会
CD制作	高速録音㈱

ゼロからスタート フランス語単語 BASIC1400

平成21年（2009年）10月10日発行　初版第1刷発行

著　者	アテネ・フランセ（松本悦治 監修／島崎貴則 著）
発行人	福田富与
発行所	有限会社　Jリサーチ出版
	〒166-0002　東京都杉並区高円寺北2-29-14-705
	電話 03(6808)8801(代)　FAX 03(5364)5310
	編集部 03(6808)8806
	http://www.jresearch.co.jp
印刷所	㈱シナノ

ISBN978-4-901429-98-6　禁無断転載。なお、乱丁・落丁はお取り替えいたします。

英語で日本を読む

歴史・文化・生活・都市

Finding JAPAN

ロバート・リード 著
新書判
定価1260円(税込)
Jリサーチ出版

英語で"日本"を聞く

好評発売中!

別売
CD 〔3枚組〕
価格1890円(税込)

語学を学ぶ楽しさを発見！ Jリサーチ出版の "ゼロからスタート" シリーズ

ゼロからスタート 英単語 BASIC1400 (CD付)
だれにでも覚えられるゼッタイ基礎ボキャブラリー

1冊で実用英語の基本語を全てカバー。例文は日常会話でそのまま使えるものばかり。CDは見出し語を英語で、意味を日本語で、例文を英語で収録。

成重 寿　妻鳥千鶴子 共著　A5変型／定価1470円(税込)

ゼロからスタート ライティング (CD付)
だれにでもわかる英作文の基本テクニック

日本語を英文に書くためのプロセスを親切に解説。スタイル編とテクニック編の2部構成。
CDには日本語講義と英語例文を収録。

魚水 憲著　A5判／定価1470円(税込)

ゼロからスタート 英会話 (CD付)
だれにでも話せる基本フレーズ50とミニ会話45

英会話を基礎から学習するために、ファンクション別に50の基本フレーズを、場面別に45のミニ会話をマスターできる。CDには日本語で講義を、英語で例文を収録。

妻鳥 千鶴子著　A5判／定価1470円(税込)

ゼロからスタート ディクテーション (CD付)
毎日10分の書き取り練習がリスニング力を驚異的に向上させる

リスニング力を向上させるには量より質。自分の理解できる英語を1日10分、集中して書き取る練習がリスニング力を驚異的に飛躍させる。

宮野 智靖著　A5判／定価1470円(税込)

ゼロからスタート 英文法 (CD付)
だれにでもわかる鬼コーチの英語講義

実用英語に必要な英文法をカリスマ講師の講義スタイルでやさしく解説。文法用語にふりが付き。CDは聞くだけで英文法の総復習ができるように解説と例文を収録。

安河内 哲也著　A5判／定価1470円(税込)

単語でカンタン！旅行英会話 (CD付)
10フレーズに旅単語をのせるだけでOK

旅先で必ず使う超カンタンな10フレーズに単語を置き換えれば相手に通じる。全てのフレーズ・単語にカタカナ・ルビ付。

PRESSWORDS著　四六判変型／定価1050円(税込)

ゼロからスタート リスニング (CD付)
だれにでもできる英語の耳づくりトレーニング

英語リスニング入門者のために書かれた、カリスマ講師によるトレーニングブック。英語が"聞き取れない耳"を"聞き取れる耳"に改造してしまう1冊。CDには日本語で講義を、英語で例文・エクササイズを収録。

安河内 哲也著　A5判／定価1470円(税込)

すぐに使える 英会話 超入門編 (CD付)
60の基礎フレーズを覚えればだれでも英語が話せちゃう

60の基本フレーズをCDによる繰り返し音読練習をすることでスラスラ話せるようになる。発音とリスニング力も上達。大きな文字とイラスト付。70頁なので完全消化できる。

妻鳥 千鶴子著　B5判／定価630円(税込)

ゼロからスタート リーディング (CD付)
だれにでもわかる6つの速読テクニック

学校では教えてくれない速読テクニックを初めての学習者のために親切に解説。
CDは聞くだけでリーディングの学習ができる。

成重 寿著　A5判／定価1470円(税込)

リスニングの基礎 超入門編 (CD付)
「英語の耳」をつくる7つのとっておきレッスン

本書は7つのレッスンで、基本的な英語の音を無理なくマスターできる。リスニング学習の入門書として内容・ボリューム・価格とも最適。

妻鳥 千鶴子著　B5判／定価630円(税込)

ゼロからスタート各国語シリーズ

ゼロからスタート 中国語 文法編 (CD付)
だれにでもわかる文法と発音のルール

初めて中国語を勉強する人のための入門書。
40の文法公式・ピンイン・四声をすっきりマスターできる。
CDは例文と日本語講義で総復習できる。

郭 海燕・王 丹 共著　A5判／定価1470円(税込)

ゼロからスタート 韓国語 文法編 (CD付)
だれにでもわかるハングルと文法の基本ルール

韓国語ビギナーのための本当にやさしい入門書。
文法の基礎・発音・ハングルが確実に身につく。
CDには例文と解説を収録。

鶴見 ユミ著　A5判／定価1470円(税込)

ゼロからスタート 中国語 文法応用編 (CD付)
初級から中級にステップアップする34の文法ルール

34の公式で基礎を固める。文法用語にふりがな、中国語例文にカタカナつき。書いて覚える練習問題付き、漢字も自然に身につけられる。CDには例文と解説を収録。

郭 海燕・王 丹 共著　A5判／定価1470円(税込)

ゼロからスタート 韓国語 会話編 (CD付)
だれにでも話せる基本フレーズ20とミニ会話36

キーフレーズと基本的な活用を覚えれば、
日常会話・旅行会話をマスターできる。

鶴見 ユミ著　A5判／定価1470円(税込)

単語でカンタン！旅行中国語会話 (CD付)
10フレーズに旅単語をのせるだけでOK

旅先でよく使われる10フレーズに置き換え単語をのせるだけで、だれでも旅行中国語会話ができる。

郭 海燕・王 丹 共著　四六判変型／定価1050円(税込)

韓国語学習スタートブック 超入門編 (CD付)
3週間でだれでも韓国語の基礎がマスターできる

韓国語の学習をどのように進めていけばよいか一目でわかり3週間のプログラムで無理なく基礎がマスターできる。

安 垠姫著　B5判／定価1050円(税込)